人間科学と福祉工学

Human Science and Assistive Technology

博士（工学）山 口 昌 樹
博士（医学）竹 田 一 則　共著
社会福祉士　村 上 　 満

コロナ社

まえがき

　人間科学とはいったいどのような学問であろうか。人類が身の回りの事象に対して，「なぜ？」という問い掛けをするようになったことが，この学問の始まりであることは間違いない。しかし，長い年月をかけて得た知識や技術をもとに宇宙にまで進出することが可能になった私たちにとって，自分自身を含む身近な人間については，その複雑さゆえ，構造・機能はもちろん，哲学的な意味での存在意義もいまだ十分解明されておらず，多くの謎に満ちているのが現実である。人間科学とは，今日に至る人類の長い歴史の中で，進歩するにしたがってより細分化されてきた学問領域を統合し，ここであらためて総合的に人間をとらえ直そうという試みであるといわれている。そのためには，いくつもの学問を，人間をキーワードに統合する工夫が必要となってくる。本書では，「障害」や「高齢」といった機能的にはネガティブととらえられがちな人の状況を，人間の本質的な一つの側面としてとらえ，その視点から福祉工学やそれを取り巻く最新の知見を眺めることで理解や興味の動機付けに結び付けることができればと考えた。

　さて，「福祉に関する技術」という概念を表す言葉は英語にはない。英語圏の文化の特徴として，そのような抽象的な表現は使わないからである。では，福祉工学とはなんだろうか。それを考えていく上で重要なのは，多分野に分散した知識の断片を集約し，理解しやすい形で提供することである。よって，本書で論じる福祉工学は，機器設計論に偏ることなく，人間科学という視点から俯瞰(ふかん)することによって，理工系だけでなく，医療系，看護系，福祉系で学ぶ学生や，医療・福祉分野に従事する専門家にとって必要とされる知識を提供することを目的としている。さらに，ユニバーサルデザインを取り入れることによって，障害者・高齢者だけに焦点を当てるのでなく，全人類的に役立つ設計

というものを考える手掛かりとなることを目指している。

　構成上の工夫としては，大学の教科書として利用できるよう，半期の講義時間で十分に消化できる内容に収め，専門用語に英語を併記するなどの配慮をした。また，福祉分野に携わる人材が理解しているべき医の倫理についても解説した。福祉という概念を共有していることは，他の動物にはない人間の特長の一つである。本書が，人間の基本的な幸せを考えていただけるきっかけとなれば，著者らの望外の喜びである。

　本書を草するに当たり，多くの方々からご教示，ご助言や情報提供を賜った。また，コロナ社には本書の構成も含めたいへんお世話になった。ここに記して感謝を申し上げる次第である。

2007 年 3 月

山口昌樹，竹田一則，村上　満

目　次

第1章　福　祉　工　学　[山口昌樹]

1.1　幸せになる技術 …………………………………………………… 1
1.2　生体への工学的アプローチ ……………………………………… 6
　　1.2.1　定　量　化 …………………………………………………… 7
　　1.2.2　生物リズム …………………………………………………… 8
　　1.2.3　加　　　齢 ………………………………………………… 10
　　1.2.4　適正環境のとらえ方 ……………………………………… 11
1.3　福祉機器の学術的分類 ………………………………………… 12
1.4　福祉機器の製品としての分類・規格 ………………………… 14
　　1.4.1　ISO　規　格 ………………………………………………… 15
　　1.4.2　ICF　分　類 ………………………………………………… 15
　　1.4.3　CCTA 分類 ………………………………………………… 17
1.5　移植医療・ティッシュエンジニアリングと福祉機器 ……… 18
1.6　研究と医の倫理 ………………………………………………… 21
　　1.6.1　ニュルンベルク綱領 ……………………………………… 23
　　1.6.2　ヘルシンキ宣言 …………………………………………… 23
　　1.6.3　ベルモントリポート ……………………………………… 24
　　1.6.4　そ　の　他 ………………………………………………… 24
演 習 問 題 ……………………………………………………………… 25

第2章　人間科学と福祉

2.1　人間を科学する ……………………………………………… [竹田一則] *26*
　　2.1.1　人間科学とはなにか ……………………………………………… *26*
　　2.1.2　生体情報と人間科学 ……………………………………………… *28*
2.2　障害を科学する ………………………………………………… [村上　満] *29*
　　2.2.1　身体障害 ……………………………………………………………… *32*
　　2.2.2　知的障害 ……………………………………………………………… *40*
　　2.2.3　精神障害 ……………………………………………………………… *41*
2.3　障害者とその医療 …………………………………………… [竹田一則] *43*
　　2.3.1　障害とはなにか …………………………………………………… *43*
　　2.3.2　重度・重複化する障害と医療 ………………………………… *45*
演　習　問　題 …………………………………………………………………… *50*

第3章　福　祉　機　器

3.1　信頼性設計 ……………………………………………………… [山口昌樹] *51*
　　3.1.1　冗長な設計 …………………………………………………………… *51*
　　3.1.2　フェイルセーフ設計 ……………………………………………… *52*
　　3.1.3　フールプルーフ設計 ……………………………………………… *53*
　　3.1.4　フォールトトレラント設計 ……………………………………… *53*
3.2　移動機器 ………………………………………………………… [山口昌樹] *54*
　　3.2.1　車いす ………………………………………………………………… *54*
　　3.2.2　福祉自動車 …………………………………………………………… *60*
3.3　コミュニケーション機器 ………………………………… [山口昌樹] *64*
　　3.3.1　コミュニケーション障害 ………………………………………… *64*
　　3.3.2　アクセシブルテクノロジー ……………………………………… *65*
　　3.3.3　ノンバーバルコミュニケーション …………………………… *67*
　　3.3.4　ブレイン-マシンインターフェース …………………………… *72*

3.4　聴覚を補償する機器 ……………………………………［山口昌樹］74
　　3.4.1　音と聴覚 …………………………………………………………74
　　3.4.2　聴覚障害とは ……………………………………………………76
　　3.4.3　補聴器 ……………………………………………………………78
　　3.4.4　人工内耳 …………………………………………………………80
3.5　建築・住宅環境 …………………………………………［村上　満］82
　　3.5.1　ノーマライゼーションの概念 …………………………………83
　　3.5.2　バリアフリーデザイン …………………………………………86
　　3.5.3　住環境 ……………………………………………………………89
3.6　障害者スポーツ …………………………………………［村上　満］92
演習問題 ……………………………………………………………………96

第4章　暮らしとユニバーサルデザイン

4.1　衣食住をデザインする …………………………………［村上　満］97
4.2　ハードからハートへ ……………………………………［村上　満］102
4.3　やさしいまちづくりへの取組み ………………………［村上　満］108
　　4.3.1　富山県（八尾町）における取組み ……………………………109
　　4.3.2　「富山型デイサービス」の取組み ……………………………122
4.4　一般製品とユニバーサルデザイン ……………………［山口昌樹］126
　　4.4.1　ユニバーサルデザインの概念 …………………………………127
　　4.4.2　ユニバーサルデザインの広がり ………………………………129
4.5　ユニバーサルデザインと福祉機器 ……………………［山口昌樹］136
　　4.5.1　福祉機器との関係 ………………………………………………136
　　4.5.2　オーファンプロダクツとの関係 ………………………………138
演習問題 ……………………………………………………………………141

付録　福祉にかかわる資格 ［山口昌樹］

　1　医療系の資格 …………………………………………………………143

2 社会福祉系の資格 ………………………………………… 145

参 考 文 献 ……………………………………… 148

演習問題の解答 ……………………………………… 150

工学索引（和文・英文）……………………………… 154

看護学索引（和文・英文）……………………………… 159

第1章 福祉工学

　福祉工学や福祉機器という専門用語があるものの，福祉領域だけに共通した技術は存在しないし，福祉領域に特有の技術といわれても，なにを想像すればよいのかわからないのが実情である。ここではまず初めに，なぜあえて福祉工学という専門用語が使われるようになったのかという技術的背景から，それを取り巻く社会情勢について読み解いてみたい。

1.1　幸せになる技術

　福祉（welfare）とは，幸福を意味する言葉である。完全雇用と社会保障政策によって全国民に最低限の生活レベルの保障を図る国を福祉国家と呼ぶように，社会的には公的な物的扶助やサービスによる生活の安定や充足を意味する。このような相互協力（**互助**）は，社会を維持するのに必要不可欠であり，福祉は人[†1]という社会的な動物の根源をなしている。また，福祉とは，個人，地域，国，さらには世界全体の健康と幸せを実現するための行為そのものを指している。人が「火」，「道具」，「言葉」を使うことは，他の動物にはない特長とされている。私たちの社会には，先天的か否かにかかわらず，身体的もしく

[用語解説]
　†1　本書では，人類を，感情を持った尊厳ある一人格として表現する場合には「人」，感情を排除した研究対象物として表現する場合には「ヒト」として使い分ける。

は精神的能力における障害の結果として,通常の個人生活と社会生活の両者もしくは一方を自分自身では満たすことができない**障害者**[†2]（persons with disabilities）が存在する。このような独力で生きていくことが困難な障害者や**高齢者**を社会的に支えていく行為によっても,人は他の動物とは区別することができ,これは福祉の概念そのものである。

> [用語解説]
> †2 欧米では,impairment は機能障害,disability は能力障害,handicap は社会的不利という意味で理解されることから,障害者は"handicapped persons"ではなく"persons with disabilities"と呼称される。

福祉工学とは,このような福祉という社会的な互助の概念と,**工学**（engineering）という科学技術の一分野が融合された,あまりなじみのない言葉である。直訳すると,「幸せになるための技術」となる。科学技術は,人を幸せにするためにあるはずなのに,必ずしもそうなってはいない。その理由や方策を追求しているのが福祉工学であろう。工学分野の一つであるから,機器やシステムの設計・開発のための方法論を示すもので,その中心となるのが**福祉機器**[†3]（assistive products, assistive technology）である。**福祉用具,補装具,自助具**,補助器具,支援機器,支援技術などという呼び方もある。日本の法律では,福祉用具と呼ぶことが多い。また,看護学において個人に対する看護を**日常生活援助技術**ということから,支援技術という呼び方はこれと紛らわしいという一面もある。これらの福祉機器と類似した用語が意味する技術範囲や法的解釈は,厳密にはたがいに少しずつ異なるのだが,本書では混乱を防ぐため

> [用語解説]
> †3 福祉機器に相当する英語として"assistive products"と示したが,「福祉工学に関する技術」という抽象的な概念は英語圏にはないようである。ただし,福祉関連の法律などで"assistive products"や"assistive technology"という表現が使われることがあるので,ここではそれを示した。

1.1 幸せになる技術

に福祉機器に統一して用いることにする。

福祉機器とは，障害者や高齢者などの低下もしくは喪失した身体機能を補うために開発された**商品**（products）の総称である．日本の場合，福祉機器の購入に際して，課税されないことがほとんどである．福祉機器は，形ある用具，機器，装置だけでなく，ソフトウェアや運用システムなども含まれる．また，福祉機器を利用者が適切に利用できる仕組みも不可欠で，利用者が福祉機器を選択したり，自分自身の身体機能に適合させたり，公的給付を受けたり，利用のための訓練を受けたりする各種の福祉機器サービス（assistive products service，assistive technology service）が行われる．

これらの背景から整理すると，**福祉工学**（Wellbeing Science and Assistive Technology，もしくは単に Assistive Technology）とは，福祉のために利用される工学的なアプローチの総称である．障害者や高齢者が，社会によりよく適応できるようにするために，工学的な方法によって，喪失もしくは低下した運動能力や感覚器官などの身体機能を補償する商品，もしくは**介護**，**看護**のために用いられる商品の研究開発や運用を行うための学問である．この商品には，機器だけでなく，ソフトウェアやシステムも含まれる．

福祉機器の特徴を明確とするために，福祉機器と**医療機器**（medical products）をユーザの視点から比較したのが**表1.1**である．そのまま放置すれば数分で生命維持の危険に至る患者（ヒト）の救命を行っているのが**医療**（medical）であり，不特定多数の患者に対し，専門知識を身に付けた医療スタッフによって，通常は一時的に医療機器が用いられる．それに対して，福祉機器

表1.1 ユーザから見た福祉機器と医療機器の比較（山内　繁：参加支援工学，BME，12(8)，1-8（1998）を改変）

項　目	福祉機器	医療機器
関連サービス	福祉サービス	医療サービス
目　的	QOL，社会参加（自立）と人間性の復権	治療と救命
人間の位置付け	人格と尊厳のある人間	人体としての患者
操作者	障害者，高齢者と介護者	医療スタッフ
対象者	特定の障害者や高齢者	不特定の患者
使用期間	長期間	短期間（まれに長期間）
経済性	価格に限界	高額機器も普及可能

は，**生活の質**（quality of life，**QOL**）の向上，社会生活への参加（自立），人間性の復権を達成するために用いられることを目的として，特定の障害や機能の低下を持った人やその家族が，特段の医療知識を持たずに，比較的長期間にわたって用いる．

ただし，機器（商品）が福祉機器と医療機器のどちらに分類されるのかは，学術的な分類だけでなく，法的な取り決めもある．例えば，**補聴器**（hearing aid）を例にとって考えると，両耳の聴力で 70 dB 以上の音しか聞き取れない者（40 cm 以上の距離で発声された会話語を理解し得ない者）は，地方自治体への申請により聴覚障害者として**身体障害者手帳** 6 級が交付され，補聴器の購入費用の公的補助が受けられる．補聴器が**身体障害者福祉法**で補装具として認定されているからである．同時に，補聴器は医療用具としても認定されている．医療用具は**薬事法**で定義されており，ヒトや動物の疾病の診断，治療や予防に使用されること，またはヒトや動物の身体の構造・機能に影響を及ぼすことが目的とされている器具器械であって，政令で定めるものをいう．このように，日本の法制度においては，補聴器は福祉機器と医療機器の両方に含まれる．補聴器の構造などについては，3.4.3 項を参照されたい．

福祉工学は，それ以前からあった**人間工学**（human engineering, ergonomics）や**リハビリテーション工学**（rehabilitation engineering）などの延長線上に芽生えてきた．1920 年代ごろから始まった人間工学は，「ヒトに直接かかわりを持つシステムを，種々の特性を基にして設計あるいは改善するための工学」であり，ヒトと機械の整合（human-machine interface，**ヒューマン-マシンインタフェース**）を行うことを目的としている．リハビリテーション工学は，当初は「障害者の社会復帰のために，失われた機能を代替する**義手**（upper extremity prosthesis）・**義足**（lower extremity prosthesis）などの機器開発を行う工学」として 1970 年代に盛んになった．日本では 1960 年に当時の厚生省（現　**厚生労働省**）が国立補装具研究所（現　**国立障害者リハビリテーションセンター研究所**）を設立している．1990 年代になると，病気や外傷以外の人，例えば身体機能の低下した高齢者などにも対応しようという動き

が広がり,「QOL の保障」,「よりよく生きる」,「人の尊厳を守る」を目的に掲げた福祉工学が開花したのである。すなわち,図1.1 に示すように医学,工学や社会学など多様な基礎科学に基礎を置き,単なる機器開発から支援技術へと,また身体機能の補償から QOL と人間の尊厳の保障へと目的が変化してきた。

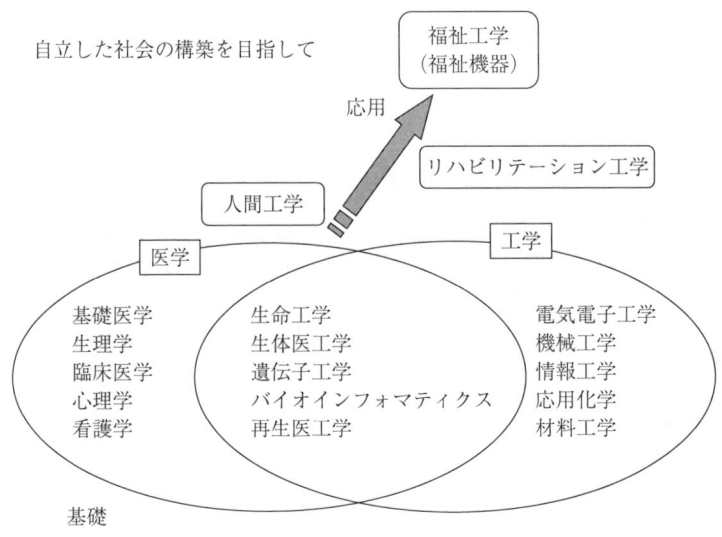

図1.1　福祉工学に関連する科学分野

ここで,福祉工学で最も重要な専門用語の一つである QOL について,整理しておこう。QOL という言葉は,当初は社会的,経済的な指標として用いられた。つまり,目覚ましい経済成長の結果,量的に充足した人々が,質的な側面での充足を求め始めたことが背景にある。その後,QOL は教育,環境,保健,医療などさまざまな分野で用いられるようになった。福祉分野での QOL の目的としては,以下の事項が挙げられる。

1) 身体的健康の維持と増進。
2) 社会的自立：衣食住だけでなく,余暇も含めた生活動作の自由。
3) 精神的自立：個人的な信条・価値観を認める精神生活の保障。
4) 社会参加：家族,地域,社会とのコミュニケーションを通した社会生活への参加。

1.2 生体への工学的アプローチ

福祉機器は，義手，義足，**車いす**[†4]，介護ベッドなどの日常生活に欠かせない道具だけではない。視覚障害者のための音声認識ソフトや，老人徘徊モニタなどの**コミュニケーション**機器がある。さらに，図1.2に示すような障害を持つ人も楽しめるように道具やルールに改良を加えたスポーツや，視覚や聴覚に

車いすの四つのタイヤ
を固定して競技する。
（a）槍投げ

小さな前後のキャスターが特徴
（アテネパラリンピック）。
（b）テニス

足部の湾曲を強めてある（ジャパン
パラリンピック）。
（c）ハイジャンプ（義足）

チェアスキーという道具を用い，
1枚の板で滑走。
（d）スキー

図1.2　障害者スポーツに用いられている福祉機器（(a)，(d)は山越憲一編，初山泰弘著：健康・福祉工学ガイドブック，4・11障害者スポーツと福祉機器，工業調査会（2001），(b)，(c)は写真提供：(有)エックスワン）

障害があっても楽しめるゲームソフトなどの**レクリエーション**機器へと広がりつつある。

> [用語解説]
> †4　車いすは，おもに身体機能の低下や障害により，歩行が困難となった者が利用する移動手段である。車椅子，車いす，車イス。どう表記すべきであろうか。「車椅子」は，単に椅子に車輪が付いたものという安直なイメージを与えることもあるため，「車いす」が用いられることが多い。英語でも，"wheel chair" ではなく "wheelchair" という普通名詞がある。

すなわち，福祉機器は，単なる道具としてではなく，人の感性や身体機能に整合した快適なものであることが求められる。日本から提唱された**感性工学**（kansei engineering）という言葉もある。人間工学，感性工学や福祉工学は，ヒトを，時には人として，工学的な視点から理解するための学問であるともいえる。ここでは，生体への工学的アプローチのために理解しておく必要がある定量化，生物リズム，加齢などの概念を説明し，適正環境のとらえ方について述べる。

1.2.1　定　量　化

さまざまな物理的・化学的現象は，**定量化**されており，私たちは**国際単位系**（international system of units，**SI**）などの体系化された計測の基準を利用している。体温や心拍数は℃，bpm という物理量に，血糖値は mg/dl，mol/l という化学量に数値化して客観的に知ることができる。しかし，人間を計測対象とした場合，被測定量は物理量や化学量だけでない。人は，**視覚，聴覚，触覚，味覚**や**体性感覚，内臓感覚**から入力された膨大な情報を脳でリアルタイムに処理して外界を認識しており，脳内に生じた心理的状態をおいしい，疲れた，楽しいなどの言葉で間接的に表現している。**表 1.2** は，**感覚**の分類と**感性**を表現する言葉を示している。脳の仕組みの解明については，医学的，心理学的，分子生物学的側面から，多くの研究者が独自に研究を進めている。しか

表1.2 感覚の分類と感性を表現する言葉

感覚の種類			感性を表現する言葉
特殊感覚		視（目）	明るい，暗い，眩しい，くらむ，チカチカする
		聴（耳）	煩い，やかましい，静か
		嗅（嗅粘膜）	匂い，臭い，香ばしい，つんとする
		味（味蕾）	甘，塩，酸，苦（4基本味），美味しい，辛い，渋い，まずい
		加速度（耳）	速い，遅い
体性感覚	皮膚感覚	痛	ズキズキ，ちくちく，しくしく，キリキリ
		温	熱い，暑い，暖かい
		冷	冷たい，寒い，震える
		触	しっとり，ざらざら，とげとげ，なめらか，硬い，軟らかい
		圧	軽い，重い
	深部感覚	筋伸張や関節の位置など	ぴくぴく，じんじん
内臓感覚（臓器感覚）		飢餓感	ぺこぺこ
		渇き	ヒリヒリ
		悪心	クラクラ，目が回る，ムカムカ
		尿意・便意	ムズムズ，ぴーぴー
		性欲	悶々，ムラムラ

し，感性の表現は，まだその指標が提案されていないものが多い。主観的，経験的な面が強く，科学として未熟なのである。

一方で，例えば腕の機能に障害があるといっても，腕のどの関節や筋肉に，どの程度の機能障害があるのか，そういった障害者は人口当り何％なのかといったデータベースも整備の途上にあり，基準値を設けるのも容易ではない。

すなわち，感性のような未知量の定量化には，その根拠（evidence）となるデータをどのように収集し，解析するかが重要である。

1.2.2 生物リズム

さらに，人の特性を1年未満の短期的な視点から考えると，周期的に変動するものがある。人は，**図1.3**に示すように，人体構成要素，生理的要素，心理的要素の3大要素に機能的分類できる。

1) 人体構成要素：筋・骨格系，神経系，内分泌系，循環器系，呼吸器系，消化器系，泌尿器系，生殖系など。
2) 生理的要素：体温，心拍，血圧，血糖などの生理量とその生体リズム。

1.2 生体への工学的アプローチ　　9

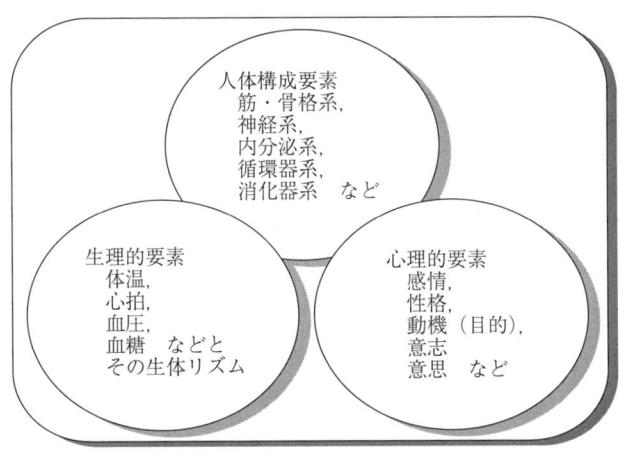

図1.3 人を構成する3大要素

3）心理的要素：感情，性格，動機（目的），意志，意思など．

人体構成要素や生理的要素の詳細については，生理学関連の参考文献を参照されたい．

表1.3 生物リズムの種類

周期	名称		環境要因
	和名	英名	
1日未満 $t<20\,\mathrm{h}$	ウルトラディアン	Ultradian	
1日 $20\,\mathrm{h}<t<28\,\mathrm{h}$	サーカディアン	Circadian	地球の自転
1日以上 $t>28\,\mathrm{h}$	インフラディアン	Infradian	
1週間 $t=7\pm3$日	サーカセプタン*	Circaseptan	
2週間 $t=14\pm3$日	サーカジセプタン*	Circadiseptan	
3週間 $t=21\pm3$日	サーカヴィジンタン*	Circavigintan	
1か月 $t=30\pm3$日	サーカトリジンタン*	Circatrigintan	月齢
1年 $t=1$年±3月	サーカアニュアル*	Circannual	地球の公転

* サーカセプタン，サーカジセプタン，サーカヴィジンタン，サーカトリジンタン，サーカアニュアルは，インフラディアンに含まれる．

生理的要素とは生命活動を維持するために生体を構成する細胞，組織，器官を制御している複数の生体機能のことであり，これらは環境の影響などにより周期的に変動するものが多い。この現象は**生物リズム**と呼ばれており，**表1.3**に示されるように20時間未満から1年程度の周期性が発見されている。特に，**サーカディアンリズム（概日リズム）**は，ほとんどすべての生物でその存在が証明されており，代表的なものとして睡眠，体温調節，交感神経の活性，成長ホルモン分泌などが挙げられる。サーカトリジンタンとしてはヒトの性周期，サーカアニュアルとしては哺乳類の冬眠が挙げられる。哺乳動物，鳥類および無脊椎動物では，生物時計の存在部位およびサーカディアンリズム発生機構の一部が解明されている。

1.2.3 加　　齢

ヒトの特性を，1年以上の長期的な視点から考えると，福祉機器を設計・開発する上で無視できない重要な性質として，**老化**（aging，**エイジング**）がある。老化とは，生物の個体に起こる時間的変化の一つで，**図1.4**に示すように，成熟した生物が死に至るまでの間に起こる変化やその過程を指す。老化では，さまざまな身体機能の低下が観察される。**発生・成熟・老化（退縮）**の三つの期間を合わせて，**加齢**（こちらも aging）という。

老化や加齢の研究には，ヒトの疾病や健康に関する出来事を集団の中で計量的にとらえ，これらの原因やその関連の強さを頻度と分布で評価する**疫学**

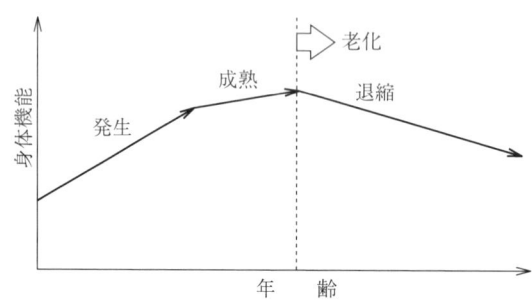

図1.4　加齢とは（老化の研究とは過程の研究）

(epidemiology) が必要である．疫学は，ヒトを対象とした研究であり，動物実験や細胞実験などに比べて，直接ヒトにおける結論を導くことができる．その研究デザインには，一時点におけるある集団を調査し，暴露要因と疾病の関連性を記述する**横断研究**（cross-sectional study）がおもに採用され，時には数十年に及ぶ経年変化を追跡する**縦断研究**（longitudinal study）が用いられることもある．老化の研究とは過程の研究であることを考えると縦断研究が大切であるが，その継続を阻害する課題も多い．生活習慣病に関しては，従来の疫学研究に遺伝情報も加えて解析する**ゲノム疫学**（genome epidemiology）も行われている．

1.2.4 適正環境のとらえ方

一般に，環境適応能力は，老化によって低下する．若年者にとっては快適で過ごしやすい環境も，高齢者にとっては好ましくない環境であることがある．

室内温度に関して，主観評価で快適な温度を知るために，暑い，寒いというアンケートを取った例を考える．快適な温度領域を回答した度数分布は，若年者，高齢者などの年齢差にかかわらず**図 1.5** に示す正規分布になると考えられる．これは，温度だけでなく，湿度，照度，音響，速度など，さまざまな物理量でも同様な傾向を取ることが予想される．

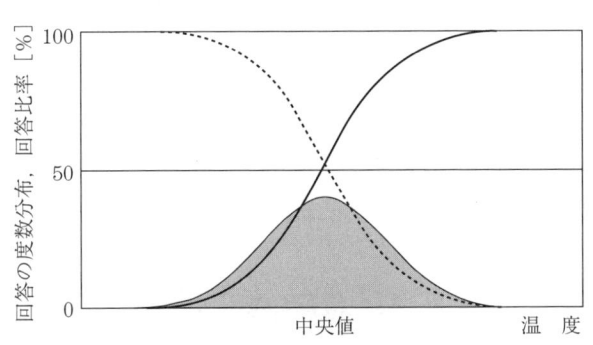

図 1.5 快適な温度領域の度数分布（正規分布の場合）

ただし，著しい違いはないものの，年齢が高くなるほど至適温度の範囲は狭くなり，かつ高温方向へ移動する傾向がある。この要因としては，体温の調節機能の低下が挙げられる。図1.6に示すように，ピークが一つの**単頂型**特性のまま，生理的な至適領域のプロファイルは変わらないが，範囲が狭くなった場合においては，複数の年齢集団の条件が狭いほうに合わせることで，いずれの集団にとっても至適な環境を提供することができる。生理的な至適領域のプロファイルは変わらないが，複数のピークからなる**双頂型**特性を示す場合においては，例えば両集団が重畳する条件を選定することにより，いずれの集団にとっても至適な環境を提供することができる。

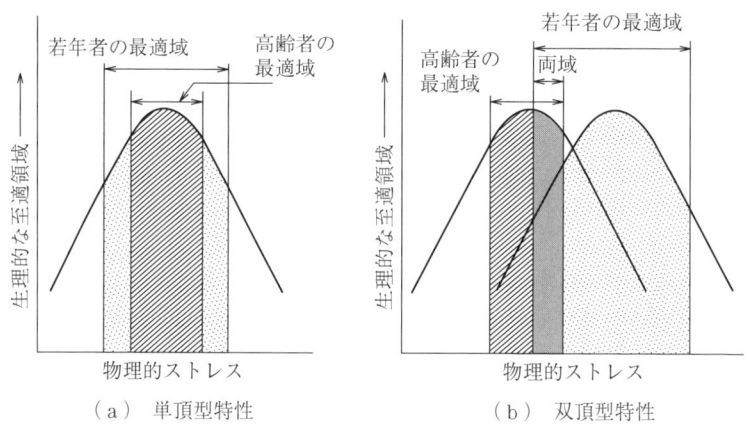

（a）単頂型特性　　　（b）双頂型特性

図1.6　物理的ストレスと生理的な至適領域のモデル（徳田哲男：高齢社会の技術第1巻・高齢社会の適正技術，日本評論社（1996））

このような環境設計の考え方は，4章で述べるユニバーサルデザインを実現する一手法にもなり得る。

1.3　福祉機器の学術的分類

超高齢社会において，高いQOLを備えた長寿社会の実現を技術的な側面から担うという目的に沿って福祉機器を分類すると，図1.7のように

1.3 福祉機器の学術的分類

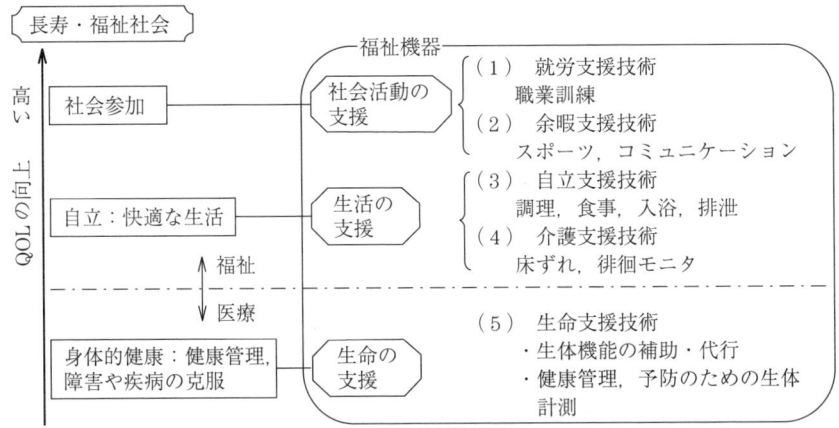

図1.7 福祉機器の分類：高い QOL を技術的側面から担う福祉機器

1) **社会参加**
2) **自立：快適な生活**
3) **身体的健康：健康管理，障害や疾病の克服**

の3大目的で示される。身体的健康＜自立＜社会参加と，より上位の目的に至るほど高いQOLが実現されることを示している。このうち，社会参加と自立はおもに福祉機器が，身体的健康はおもに医療機器が担うこととなる。このように，健康・福祉と医療は厳密には区別できない側面がある。

図1.8は，福祉機器の実例として，おもに自立のために用いられる福祉機器を使用目的に沿って分けて紹介している。このうち，移動機器は3.2節，コミュニケーション機器は3.3節，寝具，入浴用品，トイレ用品と建築・住宅設備は3.5節，レクリエーション機器は3.6節で詳しく述べる。

義肢（prosthesis, prostheses）は，四肢の切断者や欠損者に装着して失われた手足の機能を代用するもので，**装具**（orthosis, orthoses）は身体の一部を固定あるいは支持して変形の予防や矯正，あるいは機能の代用を行うものである。**ストーマ**（stoma）とは，手術によって便や尿を排泄するために腹壁に造設された排泄孔のことであり，具体的には人工肛門・人工膀胱を指す。オストミー（ostomy）ともいう。

14　第1章　福　祉　工　学

[移動機器]
手動車いす
電動車いす
歩行器
杖
天井走行リフト
障害者用自動車運転装置
車いす用特殊車両

[寝具]
ベッド
マットレス

[入浴用品]
浴槽
入浴用チェア
滑り止め用品

[トイレ・おむつ用品]
ポータブルトイレ
便器・便座
おむつ関連用品

[建築・住宅設備]
スロープ・手すり
エレベータ
階段昇降機

[日常生活用品]
いす・座位保持/立ち上
　がり補助用品
家具（テーブルなど）
食事用具/食器
キッチン・調理器
洗面台
衣類
靴

[コミュニケーション機器]
補聴器
緊急通報・警報装置
OA入力・操作補助具
点字プリンタ
障害者用ソフトウェア

[義肢・装具]
義手・義足
義歯

[その他]
ストーマ
歩行等訓練機器
リハビリ用教材・機器
レクリエーション機器

図1.8　使用目的に沿って分けた福祉機器の例

1.4　福祉機器の製品としての分類・規格

　安全で機能的な機器を開発するためには，適切な評価方法と規格化に基づいた品質保証が必要とされる[†5]。福祉機器に関しては，国際的に定められた標準として ISO 規格と ICF 分類が制定されている。国内では，財団法人テクノエイド協会の福祉用具分類コードが示されている。

1.4 福祉機器の製品としての分類・規格　　15

> **[用語解説]**
> †5　SG マークとは，Safety Goods の略号で，安全な製品を示す目安である．1973 年に制定された消費生活用製品安全法に基づいて，同年に特別認可法人製品安全協会が設立されるとともに，乳母車が認定基準第1号として当時の通商産業大臣の承認を受け，SG マーク表示が開始された．SG マーク表示製品の欠陥により人身障害が生じた場合は，(財)製品安全協会が調査し，被害者1人につき1億円を限度に損害賠償措置が実施される仕組みとなっている．

1.4.1　ISO 規格

国際規格を制定する組織として，**国際標準化機構（ISO**：international organization for standardization）がある．福祉機器に関しては，専門委員会（technical committee）の TC 173（assistive products for persons with disability）が担当しており，**図 1.9** に示すように 4 の分科委員会（sub committee）があり，必要に応じて一時的に設置される作業グループ（working group）で規格化作業を行っている．

福祉機器の分類および用語は，ISO 9999：2007 に身体障害者用技術補助器具（assistive products for persons with disabilities — classification and terminology）として掲載されている．

1.4.2　ICF 分類

ICF（International Classification of Functioning, Disability and Health）は，人の生活機能と障害の分類法として，2001 年，**世界保健機関（WHO）**総会において採択された．これまでの WHO 国際障害分類では，マイナス面を分類するという考え方が中心であったのに対し，ICF は生活機能というプラス面から見るように視点を転換し，さらに環境因子等の観点を加えている．

ICF は，「心身機能・身体構造」，「活動」，「参加」および「環境」の因子で構成されており，約 1 500 項目に分類されている．

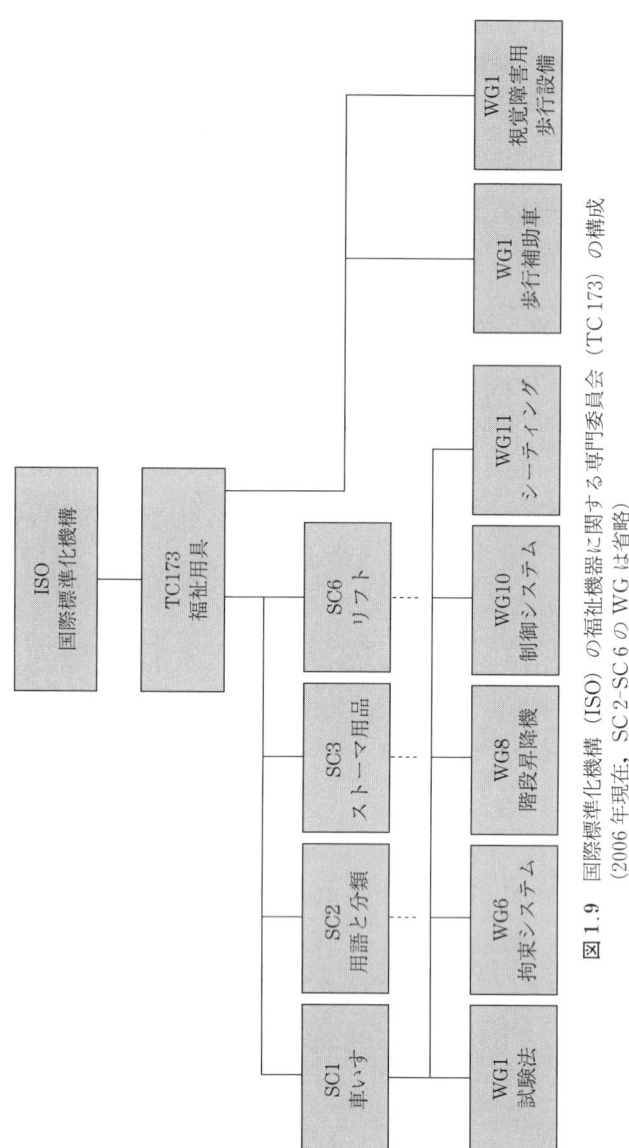

図1.9 国際標準化機構(ISO)の福祉機器に関する専門委員会(TC 173)の構成 (2006年現在, SC 2–SC 6のWGは省略)

1.4.3 CCTA 分類

財団法人**テクノエイド協会**は，厚生省（現厚生労働省）の委託を受けてISO 9999 の日本語訳を行った。1995 年には，ISO 9999 との調和を図りつつ，日本の実情に合うように福祉機器を機能で整理・分類した福祉用具分類コード95（classical code of technical aids 95，**CCTA95**）を制定した。分類コード

表1.4 福祉用具分類コード CCTA 95 の大分類（(財)テクノエイド協会）

コード	大分類の項目	解 説
030000	治療訓練用具 aids for therapy and training	訓練および治療だけのための用具と性行為補助具を含む。
060000	義肢・装具 orthoses and prostheses	義肢は四肢の切断者もしくは欠損者に装着して失われた手足の機能と形態を代用するものであり，装具は身体の一部を固定あるいは支持して変形の予防や矯正を図ったり機能の代用を行うものである。
090000	パーソナルケア関連用具 aids for personal care and protection	失禁患者，人工肛門患者用補助具，更衣用補助具，衣類，靴，体温計，時計，体重計を含む。
120000	移動機器 aids for personal mobility	人の移動を目的として使用する個人用の移動機器。物を運ぶ運搬用の機器を除く。
150000	家事用具 aids for housekeeping	炊事，洗濯，掃除，裁縫などの家事役割を遂行するための設備品や道具，および食事動作に必要とされる器や用具で，障害者用の工夫がされているもの。
180000	家具・建具，建築設備 furnishings and adaptations to homes and other premises	住宅，職場，教育施設の改善のための家具や用具，備品が含まれる。キャスタの有無を問わない。休憩用，作業用を問わない。
210000	コミュニケーション関連用具 aids for communication, information and signalling	読書，書字，電話，警報などが可能なコミュニケーション関連機器。
240000	操作用具 aids for handling products and goods	ものを操作するための補助に用いる用具。他の機器に取り付けて取扱いを容易にするための部品類。特定の機器に取り付ける付属品はその機器の分類へ含める。
270000	環境改善機器・作業用具 aids and equipment for environmental improvement, tools and machines	環境の影響から人間を保護する機器や作業用具。
300000	レクリエーション用具 aids for recreation	遊び，趣味，スポーツ，その他の余暇活動に用いる用具。職業を目的として用いる器具は除く。

は大分類・中分類・小分類の3段階の階層構造になっており，**表1.4**に示す大分類は，ISO 9999の翻訳がそのまま用いられた。2006年現在で約6 300の製品が登録されている。

一方で，日本では，福祉用具専門の独立した第3者試験・認証機関として，有限責任中間法人**日本福祉用具評価センター**があり，ナショナルスタンダードとの相互認証や国内基準の検査機能を担っている。

1.5 移植医療・ティッシュエンジニアリングと福祉機器

喪失もしくは低下した身体機能の補償には，二つの手法があった。一つは，1950年代からヒトの症例が発表され始めた，他者（**ドナー**）から提供された臓器を移植して置き換えるという医学的手法である。もう一つは，1970年代に発展したリハビリテーション工学などに代表される人工的な機械を用いるという工学的手法である。ただし，臓器移植では，ドナー不足や拒絶反応などの課題があったため，臓器移植技術の萌芽と時を同じくして心臓，肺，肝臓，腎臓などの臓器の機能を代行する機械や材料の開発を行う人工臓器工学が盛んになった。

organsは，**器官**と**臓器**の両方の意味を持ち，英語圏ではhuman-designed spare partsを指す用語としてartificial organsが用いられている。和文の臓器は，体の内部，特に胸腔と腹腔に存在する器官を指し，眼球や骨髄を含むこともある。おもな人工臓器としては，**図1.10**に示されるものが研究されている。このうち，人工血管，人工骨，人工皮膚などの単純な器官の代替手段だけでなく，人工呼吸器，人工心肺，人工腎臓（血液透析），補助人工心臓など，ある程度複雑な器官の補償や代替手段もすでに臨床応用されている。ただし，これらのほとんどは体外に設置される大型の機器であり，使用条件に制約が大きい。また，高分子，金属やセラミックスなど人工的に作り出した材料を成形・加工して用いるため，高い生体適合性を実現し，長期間に渡る連続使用が難しいという課題があった。

1.5 移植医療・ティッシュエンジニアリングと福祉機器

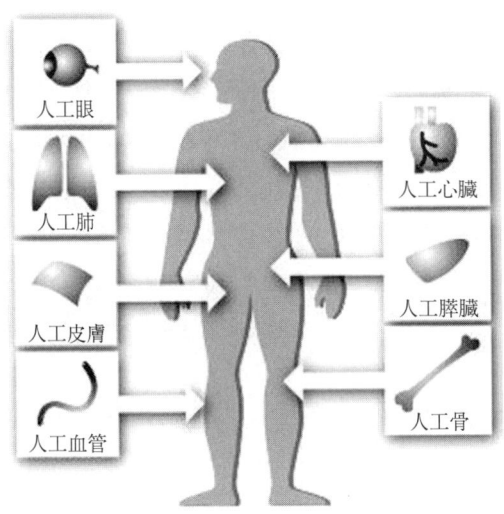

図1.10 人工臓器の種類

1980年代になると，ヒト**胚性幹細胞**（human embryonic stem cell，ヒトES細胞）を人為的に操作し，体外で目的とする細胞や組織を増殖させる技術，すなわち**ティッシュエンジニアリング**（tissue engineering）が樹立された。ヒトの受精卵は，受精後約5日で内部が空洞の**胚盤胞**（blastocyst）と呼ばれる状態に成長する。胚性幹細胞は，この胚に存在するほとんどあらゆる種類の細胞に分化できる能力（**全能性**）を備えた培養細胞を指す。ES細胞には，胚盤胞腔に注入するなどすると宿主の内部細胞塊（ICM，将来胎子になる細胞）の細胞と混ざり合い，**キメラ**（chimera）を形成するという特有の性質がある。キメラとは，遺伝的組成が異なる細胞を人工的に同一固体内に混在させた動物のことである。

ティッシュエンジニアリングは，研究のアプローチの仕方によって，**組織工学，再生医工学，発生工学，再生医療，再生医学**などという日本語訳を用いて表現されており，本質的にはES細胞を用いるという点で共通している。

ES細胞を培養すれば，心臓，肝臓，腎臓など，あらゆる臓器を複製できる可能性がある。では，人工臓器工学とティッシュエンジニアリングは，まった

く異質の技術なのであろうか。人工臓器工学は，人工物を生体に埋め込み，臓器機能を代行させるという方法論である。一方，ティッシュエンジニアリングは，患者の細胞や組織の一部を取り出して体外で人工物の周りに増殖させ，しかる後に患者に埋め込み，機能を代行させるという方法論である。このように，アプローチはまったく異なるけれども，生体の持っている再生機能を助成もしくは利用して生理機能を代行させるという点では共通性を有しており，いずれの人工臓器もその目指すところは本質的には変わらない。われわれは二者択一を迫られているのではなく，それぞれの長所を生かして利用していけばよい。

ただし，研究開発の中心的課題はまったく異なっている。従来の人工臓器工学における重要な課題の一つが，人工物に対する生体の拒絶反応であった。それに対して，ティッシュエンジニアリングによる人工臓器開発では，臓器のもつ三次元構造をいかにして実現するかが重要な課題となっている。具体的には，細胞増殖の母体となる人工的な三次元構造物の周りに，別々の機能を持った細胞，血管や神経をどのようにして再生していくかである。この三次元構造物は「張子の虎」を作る元となる虎の形をした木や竹の「枠組み(scaffold)」に相当し，その上に貼り付けられた紙や布が細胞に当たるので，臓器の再生が完了した時点でこの枠組みが生体に分解・吸収されて消滅する必要がある。

このほか，3.3.4項で述べるブレイン-マシンインターフェースという新しい技術も芽生えてきており，**図 1.11** に示すように，今後も科学技術の発達に伴って身体機能を補償する技術の選択肢は着実に広がっていくであろう。福祉機器は，身体機能の補償よりも使う人のQOLと人間の尊厳の保障に重点を置いているが，もしこのような高度先端技術で生体そのものとなんら差異のない身体機能の補償技術や，もしくは，ほとんどの社会システムとの関係を回復できるコミュニケーション技術が実現されていけば，福祉機器の概念もさらに変わっていくであろう。

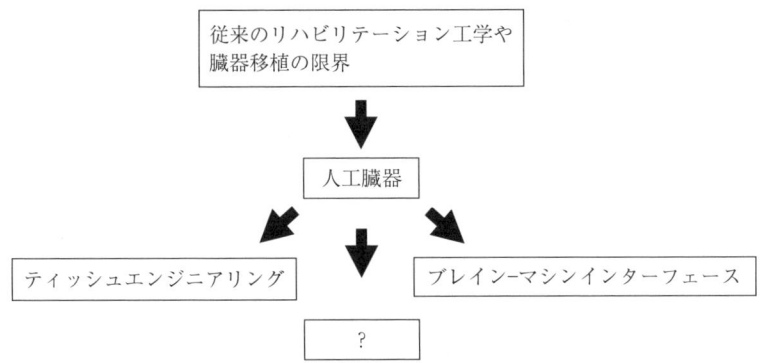

図1.11 科学技術の発達に伴って選択肢が広がる身体機能を補償する技術

1.6 研究と医の倫理

医療は，医師たちの科学的な知識，技術，観察と実験に基づいた「治療の実践」によって進歩してきた。実験を抜きにして医療の進歩はあり得ないが，それを行うためには，被検者の利益や幸福に結び付くための規範が必要とされる。

表1.5は，医の倫理に関する世界的な出来事を示している。紀元前4世紀の**ヒポクラテスの誓い**は，治療者としての医師の倫理の起源として有名である。倫理観とは，それぞれの国の倫理思想を基盤にしており，わが国では聖徳太子が17条憲法で「和をもって貴しとなす」という日本人社会のあり方を提示している。しかし，これら文化に根差した素朴な道徳観だけでは，世界的な規模で発生する諸問題に対応できなくなってきたのも事実である。

医の倫理（生命倫理）に関する世界的なガイドラインが示されたのは，第二次世界大戦後のことである。その後，移植医療，試験管ベビー，クローン動物などの高度先端医療技術が現れ，ガイドラインの重要性は年を追うごとに高まっている。福祉機器は，QOLの向上，社会生活への参加，人間性の復権を達成するために用いられることを目的としていることから，倫理的な配慮のもとに開発されることが必須である。ここでは，図1.12に示す医学研究と医の

表 1.5 医の倫理に関する世界的な出来事

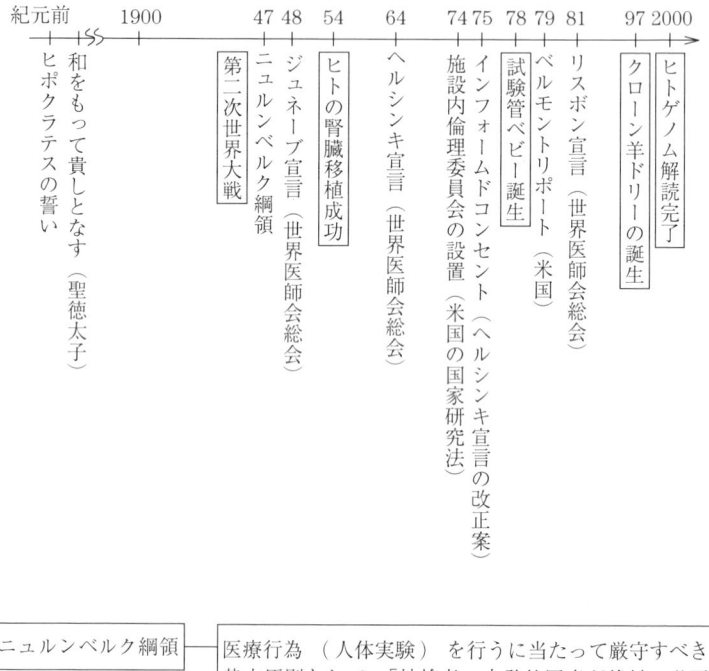

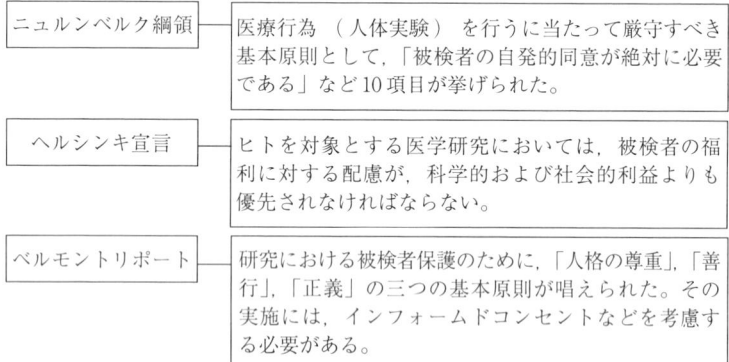

図 1.12 医学研究と医の倫理に関する三つの国際的なガイドラインとその主旨(ヘルシンキ宣言は,日本医師会訳を参照)

倫理に関する三つの国際的なガイドライン,すなわちニュルンベルク綱領,ヘルシンキ宣言,ベルモントリポートについて説明し,現代に生きる私たちが理解するべき医の倫理を考える。

1.6.1 ニュルンベルク綱領

　第二次世界大戦でナチス・ドイツが行った人体への医学的実験を，犯罪として裁いたニュルンベルク裁判の判決に伴って，1947年に**ニュルンベルク綱領**(Nuremberg Code)が提示された．これは，医療行為（人体実験）に関する世界初の国際的な医学倫理規範であり，それを行うに当たって厳守すべき基本原則として10項目が挙げられている．その重要性は，被検者の自由意思による同意のもとに，他の方法で同様の結果を得ることができず，かつ社会の利益に役立つとき，人体実験は許容できるものとなることを示したことにある．

1) 被検者の自発的同意が絶対に必要である
2) 実験の結果は，社会の利益に役立ち，同様の結果が他の方法では得られない
3) 前もって行われた動物実験に基づくなど，実験の正当性が証明されている
4) 苦痛や肉体的・精神的損傷を避ける
………
9) 被検者は，肉体的・精神的限界と判断したときには，いつでも実験を中断できる権利をもつ

などの諸原則が挙げられている．特に，第1項と第9項は，被検者が決定権を持つことから**インフォームドコンセント**（informed consent，患者の同意に基づく医療行為）の原型をなしている．

1.6.2 ヘルシンキ宣言

　ヘルシンキ宣言（Declaration of Helsinki）は，ヒトを対象とする医学研究の倫理的原則として，1964年に世界医師会総会において採択された．ヒトを対象とする医学研究においては，被検者の福利に対する配慮が，科学的および社会的利益よりも優先されなければならないことを示した．現在の医学研究は，このヘルシンキ宣言を倫理的基盤としている．

　その後，科学技術の発展などに対処するため，何度か改定されている．例え

ば，**倫理審査**という手続きを取り入れたのは，1975年の改定からである。その結果，ヘルシンキ宣言の重要な原則として，現在ではつぎの3項目が必須とされている。

1） 科学的・倫理的に適正な配慮を記載した試験実施計画書を作成すること。
2） **倫理審査委員会**（ethical review committee）で試験計画の科学的・倫理的な適正さが承認されること。
3） 被検者に，事前に説明文書を用いて試験計画について十分に説明し，試験への参加について自由意思による同意を文書で得ること（インフォームドコンセント）。

1.6.3 ベルモントリポート

米国では，それまでの強制力のないガイドラインに代わり，1974年に科学研究における人体実験の被検者の保護を目的とする国家研究法が成立し，施設内倫理審査委員会の設置が義務付けられた。この法律に基づいて倫理基準が検討され，1979年に「被検者保護のための倫理原則及びガイドライン」，通称**ベルモントリポート**（Belmont Report）が発表された。

ベルモントリポートでは，研究における被検者保護のために，「人格の尊重（respect for persons）」，「善行（beneficence）」，「正義（justice）」の三つの基本原則が唱えられた。その具体的な実施のためには，インフォームドコンセント，リスクベネフィットの評価，被検者の公正な選択を行うものとした。

1.6.4 その他

1948年に世界医師会総会で採択された現代版ヒポクラテスの誓いともいうべきジュネーブ宣言，1981年に世界医師会総会で採択された患者の権利に関するリスボン宣言がある。

演習問題

1. 福祉工学とはなにか。その対象や目的がわかるように 200 字以内で述べよ。
2. 福祉分野における QOL の目的について説明せよ。
3. 長寿，福祉社会を実現するための，福祉機器の 3 大目的を説明せよ。また，具体的にはどのような状況（行為）で用いられるのか，それぞれの目的ごとに挙げよ。
4. （ a ）〜（ e ）に当てはまる適切な語句を，下記の語句からおのおの一つ選んで記入せよ。

   福祉機器とは，低下もしくは喪失した（ a ）を補うための道具であり，人間の尊厳を守り，（ b ）を保障し，よりよく生きるために役立つことを目的として設計・利用されている。福祉機器を設計するためには，人間の持つ特性を理解することが重要であり，（ c ）から福祉工学へと発達してきた。人間を構成する要素には，人体機能そのものだけでなく情動などの（ d ）要素や体温，ホルモン，心拍などの生理的要素があり，後者は（ e ）という周期性を持っており，つねに一定とは限らない。このような，物理量で定量的に表されにくい指標をいかにとらえていくかが，福祉機器設計にとっても重要である。

障害　　身体機能　　加齢リズム　　サーカディアンリズム　　心理的
概念的　　免疫的　　リハビリテーション　　医学・薬学　　人間工学
SD　　QOL　　PT

5. 従来，行われてきた人工臓器工学と，新しいティッシュエンジニアリングを比較しながら，人工的な臓器開発の方法論と課題を説明せよ。

第2章 人間科学と福祉

　人間科学（human science）とは，現実に生き存在する人間を総合的にとらえようとする学問の領域である。それでは現実に生き存在する人間とはどんな状態であろうか。私たち人間は，病気やけがをせず，健康で毎日楽しく充実した人生を送ることを望んでいる。しかし，だれもが時とともに加齢し，あるいは予測しない疾病や外傷に見舞われずに一生を過ごせる人はいない。むしろ，これら老化や，疾病や外傷により障害を持つことは，すべての人間にとって避けることのできない人間の普遍的な一面であるといってもよい。福祉とは，いまの社会でできる方法で，これらの問題を解決するための方法である。ここではまず初めに，人間科学とはなにか，その歴史的経緯から障害の意味やそれを取り巻く諸問題を医療の側面から考えてみたい。

2.1 人間を科学する

2.1.1 人間科学とはなにか

　猿人から人類の直接の祖先まで私たちの脳は，約250万年かけて急速にその容積を増大させ，外界から入る情報を処理する能力を飛躍的に進歩させた。このことは生物学的には奇跡的な変容とされている。特に大脳前頭葉の急速な発達は，単純な外界からの感覚情報の処理や生殖や捕食といった反射的あるいは本能的な行動に支配されていたヒトに抽象的な概念の創造を可能とさせた。

　そもそも，ありとあらゆる学問領域は人類が自我を持ち，しだいに思考する

ことが可能になるに従い，身の回りの事象に対して「なぜ？」という問い掛けをするようになったことが始まりであることは間違いない。われわれは長い時間をかけて，といっても生物学的には現代人の直接の祖先が誕生してからの約数万年ほどの間であるが，個々の事象の観察，因果関係の記憶，記憶に基づく推測，推測に基づく試行，試行の結果の記憶・分類などを繰り返してきた。それらは，いずれも「よりよく生きるため」，つまり，どのようにしたら食物を多く手にできるか，どのようにしたら自然の災害やヒトを獲物とするほかの動物から身を守ることができるか，どのようにしたらうまく子孫を残せるか等，外向きの動機付けであった。このような行為の結果は感覚の記憶から言葉の記憶として子孫に引き継がれていくようになり，文字として記録することが可能となると，その情報量は飛躍的に進歩し，ルネサンス期には多くの学問として集大成した。

ところで，これら学問の知識によるところの科学技術の進歩により，宇宙にまで進出することが可能となった人類にとって，自分自身を含む身近な人間についてはどれくらい理解することができているのであろうか。内なるものを知ろうとする動機付けは，おそらく疾病や障害による苦痛，肉親の死による悲嘆などによるところが大きかったに違いない。どうして苦しいのか，なぜ痛いのか，なぜ動かないのか，なぜ死ぬのか，なぜ悲しいのか，なぜ寂しいのか等，大脳の機能が高次になるに従って沸き起こるようになったこれらの率直な疑問や感情が，やがて「そもそも人間とはなんなのか？」という究極の命題につながってきたと考えられる。

人間の本質についての思索は，古代ギリシャの時代から**アリストテレス**などにより哲学的立場で盛んに行われていたが，自然科学の発達に裏付けられた，実証的な探求が始まるまでには長い歳月を要した。**ルネサンス期**の16世紀のころ，**ヴェサリウスやレオナルド・ダ・ビンチ**は解剖学の研究を切り開き，このころから医学の分野においても客観的・実証的な科学的探求が徐々に進み始めたと考えられる。その後，19世紀の**ダーウィンの進化論**をはじめとする生物学の急速な進歩により，生物としての人間の知見が飛躍的に集積した。

しかしながら，人間はその複雑さゆえ，一つのことが明らかになれば，その何倍もの新たな謎が生まれるということを繰り返し，**自然科学**（natural science）としてのヒトの構造，機能はいまだ十分解明されていない。

現代では，ゲノムサイエンスの進歩に伴い，ヒトゲノムの解読，遺伝子の機能的解析が精力的になされ，限られた数種類の塩基の配列によって，形態のみならず，機能まで支配される人間の器質的な本質が解明されつつある。しかし，生物学的な仕組みが明らかになるにつれ，「われわれは有性生殖を行い，遺伝情報をシャッフルし，子孫に受け渡すためにのみ存在しているのか？」という率直な疑問に直面してしまう。人間存在の根源的な意味はいまだ理解の端緒もつかめていないのではないだろうか。

人間科学とは，現実に生き存在する人間を総合的にとらえようとする学問の領域と定義付けられている。具体的には長い科学の歴史の中で，今日に至るまで，進歩するに従って細分化されてきた学問領域を統合し，総合的に人間をとらえ直そうという試みでもある。したがって，医学，生理学，宗教学，哲学など，多くの専門領域がここにかかわっている。このようなマクロの視点に切りかえることで，人間に対する理解を深める考え方の大きな転換，すなわちパラダイムシフトのヒントが得られるかもしれない。

2.1.2 生体情報と人間科学

ICF（1.4.2 項および 2.3.1 項）モデルに立ち返ってみると，人間の生物学的側面は心身機能・構造と対応しており，その健康状態を評価する上で体が発するサインを読み解くという技術を向上させることはきわめて重要なことであると思われる。体はじつにさまざまなサインを発しているが，基本的な生命の指標（**バイタルサイン**，vital sign）としては体温，血圧，呼吸数，心拍数などが代表的なものである。これらの指標を体の客観的なアセスメントのために利用する目的で，体温計，血圧計，心拍計などが作られ，これらのパラメータと人体の病的状態との関連について古くから研究され，20 世紀に飛躍的に進歩し，知見の集積が行われてきた。近年は技術の進歩に伴い，その指標の数も

徐々に増加し，また"脳科学"の進展などに伴い脳の画像評価に関する技術の応用は目覚ましいものがある。これらの中枢神経系を中心とした生体情報計測は，障害や疾患の発見という側面のみならず，人間の状態像の理解・把握といった面における貢献もきわめて大きい。

ところで，生体情報の利用は健常人のみならず，後述するような障害を持った人々，特に**重症心身障害者**においては，その有用性はより大きいと思われる。重症心身障害者は自分の意図や要求を周囲に向かって発現することが少なく，応答も微弱で，行動観察では手掛かりを把握しにくく，周囲の者とのコミュニケーションを行うことはきわめて困難である。そのような重症心身障害者への働き掛けの手掛かりとして生体情報は十分に活用されるべきものであるだろう。重症心身障害者を対象とした多くの研究では，応答が微弱な重症心身障害者の内的心理過程を把握する上で，主として心拍数や事象関連電位等を用いた生理心理的手法が試みられ，その有効性が検討されてきた。しかし，これらの生理学的指標の問題点としては測定に特別な機器や専門的な知識や技術が必要とされ，実践現場で有効に活用されるまでには至らないことであった。近年は測定技術の進歩により，非侵襲的で簡便な方法により唾液アミラーゼ活性の測定を医療処置と併行して行い，重症心身者の急性ストレスの程度を客観的に評価する方法なども開発されている（3.3.3項）。21世紀，このような新しい技術の応用が重症心身障害者をはじめとした障害者はもちろん，健常者も含めたすべての人々の**QOL**の向上に不可欠なものになると思われる。

2.2 障害を科学する

われわれの生活の中で，障害を意識するときはどんなときであろうか。障害という言葉を特に使用しなくても，「～しづらい・～しにくい」や「～がじゃまだ」といった表現であれば，よくいったり，聞いたりしているのではないだろうか。その対象は，人に向けられたり，モノであったりと状況に応じて異なるであろうが，いずれにせよ，障害とは，「物事を遂行する過程において，妨

げとなるすべてのもの」であるといえる。障害の概念についての国際的な位置付けとしては，2.3.1項で詳しく説明するが，ここでは，具体的な例を通じて，やさしく理解してもらう。

例えば，**脳性麻痺**（3.6節）による**肢体不自由者**（**cripple**）における障害を説明するとつぎのようになる。四肢（上肢と下肢，手足）と体幹に**機能障害**（**impairments**）があるため，思うように歩けないという移動**能力の低下**（**disabilities**）が起こる。そして，働く場や結婚等といった**社会生活においても，不利**（**handicaps**）な立場に置かれる。このように，1980年の**世界保健機構（WHO）の「国際障害分類」**（2.3.1項）に従って，機能障害，能力低下，社会的不利を説明してみたが，じつはここにいくつかの問題点がある。

まず一つ目は，物理的・社会的な環境の側面を抜きにして，障害の説明はできない，ということである。なぜならば，この肢体不自由者の場合，車いす等を使用することにより，移動能力を取り戻すことができる。また，障害の程度や残存能力，潜在能力，適切な介助者等の存在によって，能力低下を防ぐことも可能である。

この点について，図2.1および図2.2に示す「五体不満足」の著者，乙武洋匡氏は，環境が障害者に与える影響とその重要性について強く語っている。

二つ目として，機能障害，能力低下，社会的不利と，どの用語も否定的な概

図2.1　五体不満足（乙武洋匡著，講談社）

2.2 障害を科学する

> **靴と車いす**
> 　たいへん残念なことではあるが，たしかに今の日本では，障害を持った人々が街のなかを自由に動き回るのは困難だし，ひとりで生活をすることもむずかしい。そこで，多くの手助けを必要とするのも否めない事実だ。だが，障害者をそのような立場に追い込んでいるのは「環境」なのだ。
> 　ボクは日頃から，「環境さえ整っていれば，ボクのような体の不自由な障害者は，障害者でなくなる」と考えている。例えば，ボクが A 地点から B 地点まで行きたいとする。ところが駅にはエレベーターも付いていない，バスやタクシーも車いすのままでは利用できないという状況では，A 地点から B 地点までの移動が不可能，または困難になる。その時，たしかにボクは「障害者」だ。
> 　しかし，駅にはエレベーターも付いている。ホームと電車の間も隙間や段差がなく，スムーズな乗り入れが可能。バスやタクシーにもリフトが付いていて，車いすのまま乗り込めるといったとき，そこに障害はなくなる。一般的には，家を出掛けるときに玄関で靴を履くが，ボクの場合は，靴の代わりに車いすに乗る。靴と車いすの違いがあるだけで，自分の力で A 地点から B 地点まで移動したということに，なんの違いもない。「障害者」を生み出しているのは，紛れもなく，環境の不備なのだ。
> 　　　　　（乙武洋匡著「五体不満足」第 3 部「早稲田大学時代―心のバリアフリー」）

図 2.2　乙武洋匡氏がとらえる障害とは

念として受け止められ，障害者本人はもちろんのこと，社会全体を**エンパワーメント**（4.3.1 項）するような視点が含まれていない，ということである。この障害の概念では，障害があるということが，生活していく上では良くないことばかりだと思わされてしまう。ヘレン・ケラーが語った有名な言葉に，「障害は不便である。しかし，不幸ではない」がある。まさに，この言葉を忘れてはならない。

　そして，三つ目は，必ずしも機能障害から能力低下へ，そして社会的不利という一方通行の解釈では収まらないこともある，ということである。例えば，定年を迎えた人の場合，会社を退職したことによって，社会とのかかわりが減るとともに（社会的不利），体を動かすことも少なくなり，体力が落ちた（能力低下）ところへ，**脳血管障害**（cerebrovascular disease, CVD）を引き起こしてしまった（機能障害）とすれば，これまでの機能障害から始まる一方通行の解釈では説明できなくなってしまう。

　以上のことから，これまでの障害の概念の枠では，十分に説明することはできなくなってきた。つまり，環境や，エンパワーメント等といった，新しいデ

ザインを障害の概念に持ち込むことが必要になってきたのである。

そこで，WHOは，2001年に**国際障害分類第2版**（2.3.1項）を発表した。ポイントは，三つある。まず一つ目は，障害をマイナス面から見なくなったということである。すなわち，これまでの能力障害の箇所が，**活動**（**activity**）に，そして社会的不利の箇所が**参加**（**participation**）へとそれぞれ肯定的な表現に変わったのである。

二つ目は，「生活」機能を重視した概念を盛り込んだ点である。これまでの能力障害や社会的不利という言葉に代表されるように，障害者だけを対象とする概念モデルではなくなったということである。つまり，活動や参加というきわめて生活に密着した概念を持ち込むことで，障害はすべての人に関係する，としたことであろう。また，だれもが障害者になり得る等，障害をより身近なものとして定義しやすくしようとしたことだと思われる。

そして三つ目は，環境因子を重視した点である。まさに図2.2で乙武氏が述べた想いそのものが，新たな障害の概念に取り入れられているといえるのではないだろうか。

2.2.1　身　体　障　害

障害者が人類史上に姿を現したとされるのは，図2.3の紀元前2世紀のエジプトの壁画に描かれている，長い杖をついた明らかに片足が細い人物像である

図2.3　障害者が人類史上に姿を現したとされるエジプトの壁画（明石　謙：リハビリテーション医学小史，総合リハビリテーション，15，pp.243～249，医学書院（1987））

とされ，**ポリオ（polio）**[†1] の後遺症と考えられている。当時は，いったいどんなことに生活のしづらさを感じていたのだろうか。また，ほかにも障害のある者がいたのであろうか。

> ［用語解説］
> †1 ポリオは小児に罹患率の高いポリオウイルスによって起こる伝染病。1930年代に流行し，解熱とほとんど同時に四肢麻痺が現れる。有熱期には四肢に痛みを訴えることが多い。1960年代にワクチンの開発によってポリオの新発生は激減した。

本項では，身体をはじめとする各障害者の定義を紹介し，その特徴を明らかにしながら，具体的な生活場面でのしづらさに着目して解説する。

表2.1に示すように，障害者（4.3.1項）を分けると，**身体障害者，知的障害者，精神障害者**（4.3.1項），**発達障害者**の四つに分けることができる。

そこでまずは，身体障害者について説明する。身体障害者は，身体障害者障害程度等級表によって，身体上の障害を五つに分類している。なかでも一番多いのは，**肢体不自由**であり，ついで**内部障害**となっている。

さらに，これらの障害は，障害の程度に応じ，重度から軽度へと1級から7級まで細かく規定されている。ただし，**身体障害者手帳**が交付されるのは，**1級から6級**の該当者のみである。7級は，肢体不自由だけに設けられており，7級に該当する障害が二つ以上ある場合に6級として認定される。なお，身体障害者手帳は，各種福祉サービス援助受給の絶対要件となっている。

特徴についてであるが，ここでは，生活のしづらさも含めてイメージしやすい，**肢体不自由者，視覚障害者，聴覚障害者**の三つについて説明する。肢体不自由者の特徴は，大きく七つに分けられる。

1) 筋肉の緊張が異常になる
2) 筋力が弱くなる
3) 関節の動く範囲が狭くなり，動きが悪くなる
4) 手足の一部，あるいは全部が欠けている

表 2.1　各障害者の定義について

名　　称	定義および説明
身体障害者	「身体上の障害がある 18 歳以上の者であって，都道府県知事から身体障害者手帳の交付を受けたものをいう。（身体障害者福祉法　第 4 条）」 障害の判定は，障害の固定を前提としており，障害程度（1 級から 7 級）が，身体障害者福祉法に掲げる「身体障害者障害程度等級表」に該当することが必要である。
1）視覚障害	視機能（視力・視野）の障害で，永続するものをいう。視力については，両眼の視力の和が 0.01 以下から，一眼の視力が 0.02 以下，他眼の視力が 0.6 以下のもので，両眼の視力の和が 0.2 を超えるものまでの範囲で等級が分けられる。視力障害は，「盲」(blindness) と「弱視」(low vision) に分けられる。 視野障害は，目を動かさないで見たときに見える範囲が狭いことをいう。視野は，両眼の視野がそれぞれ 10 度以内でかつ両眼による視野について視能率による損失率が 95％以上のものから，両眼による視野の 2 分の 1 以上が欠けているものまでの範囲で等級が分けられる。
2）聴覚障害・平衡機能障害	聴覚機能の異常の総称をいい，聴力障害のほか，聴覚過敏，聴野障害，異聴，耳鳴り等がある。聴覚感度の低下を示す聴力障害がほとんどであり，その程度は，音や話し言葉がほとんど聞こえない状態を「聾」と呼び，聾よりも程度の軽いものを「難聴」と呼んでいる。両耳の聴力レベルがそれぞれ 100 デシベル以上のものから，両耳の聴力レベルが 70 デシベル以上の範囲等で等級が分けられる。また，平衡機能障害についても等級が分けられている。
3）音声言語そしゃく機能障害	意味を言語として表現したり，音にかえる過程の障害によって，言語の表現や理解が障害されたり，発声が不能になったり，言語が緩徐になったり，断片的になる状態。 音声機能，言語機能またはそしゃく機能の喪失から，著しい障害の範囲で等級が分けられる。
4）肢体不自由	疾病や事故が原因で起こる運動機能障害のある人をいう。疾病を原因としたものに，脳性麻痺，脳血管障害等があり，事故を原因としたものに，脊髄損傷，切断，頭部外傷等がある。
5）内部障害	身体障害者福祉法に定められた身体障害のうち，心臓機能障害，じん臓機能障害，呼吸器機能障害，膀胱・直腸機能障害，小腸機能障害，ヒト免疫不全ウイルスによる免疫機能障害の六つの障害の総称。
知的障害者	知的障害者福祉法では，特に定義されていない。 「知的機能の障害が発達期（概ね 18 歳まで）に現れ，日常生活に支障が生じているため，なんらかの援助を必要とする状態にある者をいう。（平成 12 年の知的障害児（者）基礎調査）」
精神障害者	「統合失調症，精神作用物質による急性中毒又はその依存症，知的障害，精神病質その他の精神疾患を有する者をいう。（精神保健及び精神障害者福祉に関する法律　第 5 条）」
発達障害者	「自閉症，アスペルガー症候群その他の広汎性発達障害，学習障害，注意欠陥多動性障害その他これに類する脳機能の障害であってその症状が通常低年齢において発現するものとして政令で定めるものをいう。発達障害者とは，発達障害を有するために日常生活又は社会生活に制限を受ける者をいい，発達障害児とは，発達障害者のうち 18 歳未満の者をいう。（発達障害者支援法　第 2 条）」

5） 意思とは異なった動きが起きる
6） 強調した動きや細かい動作ができない
7） 身体全体あるいは一部分の形が変わってくる

である。

　日常生活における行動特性としては，運動障害を持っているため，「移動障害者」としての側面が大きい。したがって，移動方法に着眼する必要がある。車いす使用者は，垂直方向の可動域にも制限が多いことから，**図 2.4（a）**に示すように，あまり高いところや，非常に低い位置にあるような物を取ることは難しい。日常生活場面には，このほかにも，机やテーブルのサイズが合わないといった問題や，ほんの少しの段差でも障害となる生活のしづらさは多く存在している。

　つぎに，視覚障害者である。表 2.1 に示すように，**視力障害**は，見ようとする小さな物の形が明瞭に見えないことである。**盲**は，歩行時には**白杖**を必要とし，**点字**（braille）での読み書きが必要となる等，視覚による日常生活がしづらい人である。

　点字とは，触覚により読むことができるよう，凹凸を組み合わせた視覚障害者用文字のことである。縦3点と横2点の組合せでできる63種類を基本にする。この6点式文字は，もともとはフランス国内で軍事情報伝達方法として考案されたもので，砲兵士官により視覚障害者が触読しやすいようにしたものであった。1829年にフランスの**ルイ・ブライユ**（Louis Braille）によって公表された。

　また，**弱視**は，両眼の矯正視力が0.1以下で，視覚による日常生活は可能であるが，文字の読み書きには文字を大きくする**拡大鏡**などを必要とする。

視野障害の見え方には

1） 筒状のものを通して見るように，見ているものの中心部しか見えず，周辺部は見えない
2） 中心部は見えないが，周辺部は見える
3） 両眼で見ても，右半分あるいは左半分しか見えない

36　第2章　人間科学と福祉

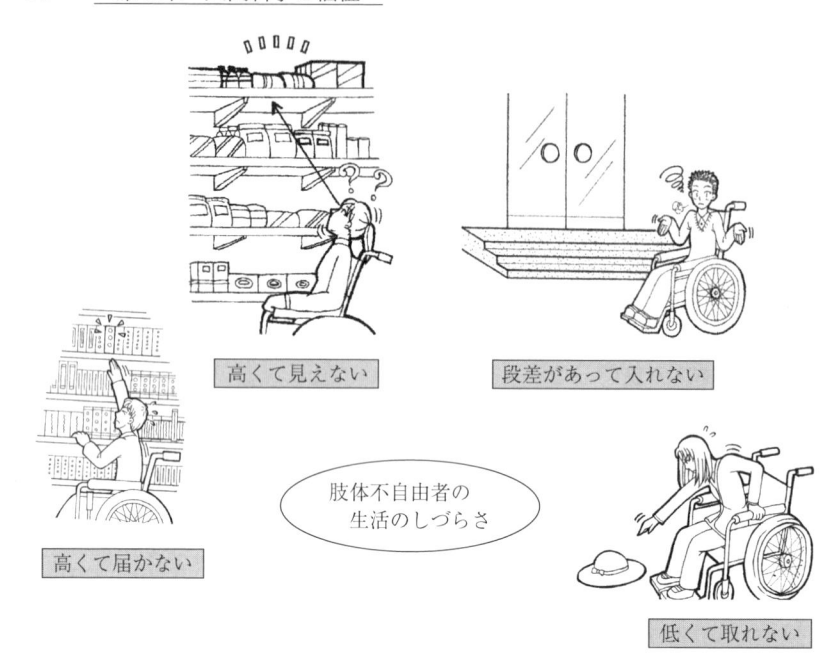

高くて見えない

段差があって入れない

高くて届かない

肢体不自由者の
生活のしづらさ

低くて取れない

（a）　足が不自由であること

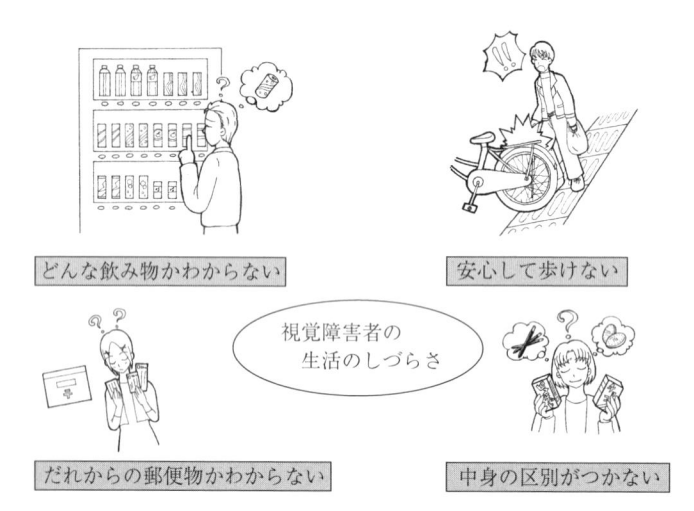

どんな飲み物かわからない

安心して歩けない

だれからの郵便物かわからない

視覚障害者の
生活のしづらさ

中身の区別がつかない

（b）　目が不自由であること

図2.4　各障害別にみる生活のしづらさについて（挿絵：島滝しず子，竹川康世）

2.2 障害を科学する　　37

| 呼んでいるのにわからない | 沸いているのに気付かない |

| なにを話しているのかわからない | 呼ばれているのに気付かない |

聴覚障害者の生活のしづらさ

（c）　耳が不自由であること

| 会話が成り立たない | 会話を十分理解できない |

知的障害者の生活のしづらさ

| 文字を読み取る力に欠ける | 数の処理がうまくできない |

（d）　知的機能において不自由さがあること

図 2.4　（つづき）

職場の理解が得られにくい　　　　だれかがささやいているような気がする

精神障害者の
生活のしづらさ

気分にムラがある　　　　　　　　　服薬は欠かせない

(e) 心の病という不自由さがあること

図2.4 (つづき)

等がある。

　視覚障害者には，生活する上での3大不自由があるといわれている。それは
1) 歩行
2) 文字処理
3) 日常生活動作

である。図2.4(b)にも示しているように，生活のあらゆる場面において，しづらさが生じているのである。

　そして，**聴覚障害**（3.4.2項）である。聴力障害は，表2.1に示すように聾（ろう）と**難聴**があり，平均聴力損失をもとに分類されている。また聴覚の経路のうち障害の起きた場所によって

1) **伝音障害**
2) **感音障害**
3) 混合障害

に分けられる。

　伝音障害とは，外耳，鼓膜，中耳にかけての伝音系の障害による難聴である。治療により聴力の回復が可能な場合が多く，**補聴器**（3.4.3項）の効果も大きいとされる。

　感音障害とは，内耳から聴神経を経て，大脳皮質の聴覚分野にかけての感音系の障害による難聴である。治療により聴力回復を図ることは困難なことが多い。混合障害とは，伝音障害と感音障害が合併した障害のことである。

　聴覚障害の特徴は，「見えない障害」であるということである。つまり，外見上障害があることがわからないこと，コミュニケーションや情報のやりとりが生じたときに初めてわかる障害であることである。図2.4(ｃ)に示すように，まさに「コミュニケーション障害」であり，日常生活場面においては，しづらさが多い。

　盲・聾・啞の三重苦のヘレン・ケラー女史は，「神がいまあなたに一つだけ復活の恵みを与えてあげるとしたら，あなたはどれを望みますか？」と問われたとき，ためらうことなく「聴覚を望みます－聞こえるようにしてほしい」といったとのことである。これは，聴覚の本質を語っていると思われる。

　また，**図2.5**(ａ)，(ｂ)の盲・聾の重複障害がありながら，初の大学教員となった東京大学先端科学技術研究センター教授の福島　智氏は，目が見えず，耳が聞こえない世界について，「世界がフェードアウトしていく感覚というか，自分の存在感が消えていくというか……。言葉では正確に表せないのですが，現実世界が消えてなくなる感じで，とても心細かった」と表現している。また，福島氏は，盲聾の重複障害者を，「牢屋にいる囚人」にたとえている。面会者が来なければ，囚人は外の世界の人と話すことはできない。囚人からコミュニケーションを求めることはできないからである。そして，「盲聾という重複障害者になる過程で感じたことは，人は，コミュニケーションがなくなってしまうと生きていけないということである」ともいっている。

　現在，福島氏は，**バリアフリー分野**（3.5.2項）の研究をしており，さまざまなバリア撤廃に向けて，「手段」があっても，それを使えて，実際に使う

40   第2章　人間科学と福祉

点字を触読できる点字ディスプレイを使用：パソコンの画面に表示された文字が点字で表示され，読み取るしくみとなっている。

（a）盲・聾の重複障害者で初の大学教員となった福島　智教授

通訳者は，両手の人指し指，中指，薬指で点字を表現して通訳する。通常の会話とあまり変わらないスピードで伝えることができる。

（b）母親が編み出した「指点字」によるコミュニケーション

図2.5　東京大学先端科学技術研究センターバリアフリー分野 福島研究室
（エクサスタイル，1，pp.56〜57，リサージュ出版（2005-07））

「人」がいないと意味がなく，また個人レベルでの「人」がいるだけでは不十分だともいっている。つまり，「バリア」撤廃には，「手段」と「人」と「制度」の三つが重要であると述べている。

2.2.2　知　的　障　害

表2.1に示すように，法的定義はなく，大部分は6歳ごろまでに大脳の発達障害を来したために生じる障害で，知的機能の低下とそれに伴う適応障害のある人たちの状態像を表す用語である。

知的障害の原因は，先天性と後天性があり，前者では，**ダウン症**をはじめとする染色体異常等がある。また，母体の異常，例えばウイルス感染，薬物，高熱やけが等により，胎児の脳の発達途上に受ける影響が原因になることもある。後者は，出産時の酸欠によるもの，乳児期のウイルス感染，事故などによる頭蓋内出血などがある。

障害の程度は，一般に軽度，中度，重度，最重度の4段階となっていて，軽度は身辺処理や読み書き，コミュニケーションや簡易作業のできるレベルである。重度・最重度は，身辺処理は全介助，意思疎通も難しいレベルで，能力判

定も困難な場合がある。また，A，Bを判定基準とする**療育手帳**制度がある。

知的障害の特徴としては，知的機能の低下に伴うさまざまな行動が見られることである。それらは，知的障害に直接関連するもの（一次障害）と，周囲の人々の不適切な養育や処置によるもの（二次障害）に分けられる。

一次障害には
1) 認知の不適切さ
2) 精神面の硬さ
3) 抽象化や一般化の困難性
4) 記憶の不安定さ
5) 見通しの欠如
6) コミュニケーションの障害
7) 健康上の問題

等がある。また，二次障害は
1) 自己認識の不適切さ
2) 情緒的に不安定になりやすい
3) 人権が侵されやすい

である。具体的には，図2.4(d)に生活場面でのしづらさの例を挙げた。

2.2.3 精 神 障 害

表2.1に示すように，一般的に精神障害者という場合は，**統合失調症**(**schizophrenia**)圏に入る人たちを指すことが多い。青年期に発病する最も多い精神障害であり，発現頻度は，0.7〜0.8%と高い疾患である。統合失調症の症状は，一般に，**陽性症状**と**陰性症状**に分けて考えられている。

陽性症状には，**幻聴**（自分の行為を批判する声が聞こえる）や自我障害の一つである**思考奪取**（自分の考えが抜き取られてしまう），**被害妄想**（絶えず見張られて，尾行されていると信じてしまう）といった異常体験が含まれている。**妄想**とは，実際に起こっていないことを現実のこととして固く信じてしまい，訂正が不可能な考えのことである。

陰性症状には，表情，態度に自然な感情の動きが乏しくなり，周囲に無関心になる**感情鈍麻**，観念的なことに集中して現実との接点を失う**自閉**などが挙げられる。また，思考の障害である**連合弛緩**（話の文脈のまとまりがなくなる）も陰性症状の一つで，物事を順序立てて考えることができない。

統合失調症をはじめ，これまでは精神疾患患者としてとらえられてきたが，1993 年，**障害者基本法**改正に伴い，新たに障害者としても位置付けられた（さらに 2013 年の法改正では，精神障害に発達障害を含むとした）。なぜなら，発病初期から疾病の症状と，生活障害（対人関係，作業遂行等）とが併存しているからである。

そこで，生活障害の特徴としては，大きく 5 点挙げられる。一つ目は，**生活の仕方における障害**である。すなわち，バランスのとれた食事を摂ることが苦手であること，金銭の扱いが上手くできないこと，身の回りや身だしなみを整えるのが苦手であること，服薬の管理がうまくできないこと，等である。

二つ目は，**人づきあいの仕方における障害**である。人とかかわり，協調することが苦手であることや，他人への気配りを欠きやすいこと，自分の判断や評価が的はずれになりやすいこと，等である。

三つ目は，**働くことの障害**である。作業能率（集中力や持続力）が低下していること，疲れやすいこと，融通がきかないこと，手順や要領（のみこみ）が悪いこと，等である。

そして四つ目は，**まとめる力の障害**である。細かいことにこだわりがちであったり，全体をつかみにくかったり，考えがかたくなになりがちで，臨機応変にいかない，等である。

最後の五つ目は，**社会からの偏見や差別による障害**である。精神障害者に対する無知や無理解からくるもので，本人だけでなく家族が，外出しにくくなったり，近所づきあいをしにくくなったりする，等である。

図 2.4(e)は，このように生活していく上での特有のしづらさについて，具体的に示している。

2.3 障害者とその医療

2.3.1 障害とはなにか

1.4.2項で述べたように，2001年にWHOが提唱したICFに基づく「障害」の概念は，同じWHOにより1980年に出された**国際障害分類**（international classification of impairments, disabilities and handicaps, ICIDH）とは大きな相違がある。

従来のICIDHの考え方では，図2.6に示すように，障害を**疾患**（disease）に起因する**機能・形態障害**（impairment）が，正常機能や形態を前提とした社会において活動していく能力の制限としての障害を引き起こし（**能力障害**，disability），そのことが必然的にその社会において生活していくことの困難さ（**社会的不利**，handicap）に結び付くという障害の連鎖を階層的に把握することの重要性を示したものである。この考え方は障害による社会的不利を疾患（disease）の状態にのみ帰結させるのではなく，周囲の環境要因にも目を向けさせる上で大きな役割を果たした。しかし，その一方で，障害は疾患を発端と

疾患 disease	機能・形態障害 impairment	能力障害 disability	社会的不利 handicap
・脳性麻痺	・痙性麻痺 ・関節拘縮 ・言語障害 ・知的障害 ・てんかん	・自立歩行困難 ・日常生活基本動作困難 ・コミュニケーション困難 ・学習困難	・家族の介護負担 ・経済的負担 ・就学困難 ・就職困難 ・移動制約

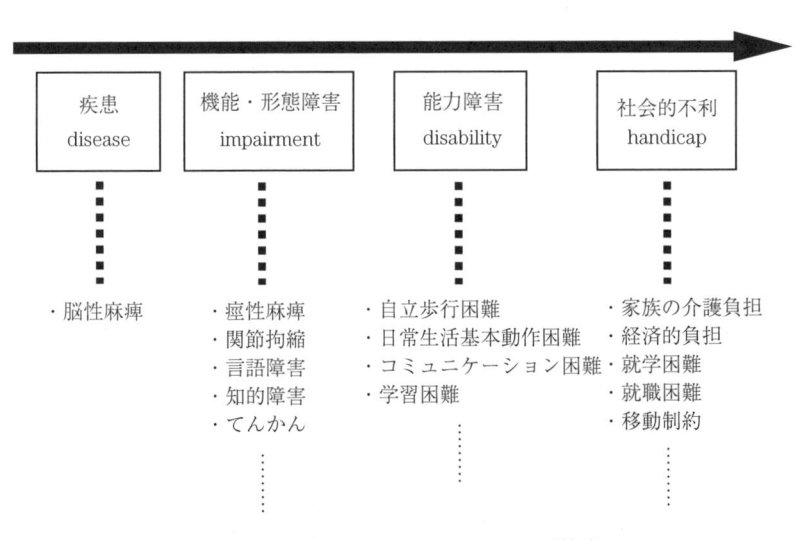

図2.6 ICIDHにおける障害の階層的関係性

し，社会的不利に向かうベクトルが強調されすぎる傾向があり，言い換えれば，疾患になりさえしなければ社会的不利は生じない，疾患による機能・形態障害がリハビリなどにより治癒さえすれば社会的不利は消滅するという考え方，すなわち社会において障害があることが異常な minority であるととらえた**医学モデル**（medical model）に偏重しているとの批判が出されてきた。

このような批判に対しICFでは，障害は一つの人間の個性であるととらえ，社会的不利軽減の手段を原因となった疾患や傷害ではなく，社会の側の改善に求めるいわゆる**社会モデル**（social model）の考え方を取り入れ，医学モデルとの統合を目指した。すなわちICFでは図2.7および図2.8に示すように，障害が「ある」か「ない」か，ではなく，人の生活機能を健康状態と背景因子（環境因子と個人因子）の相互作用によるダイナミズムの中でとらえられる相

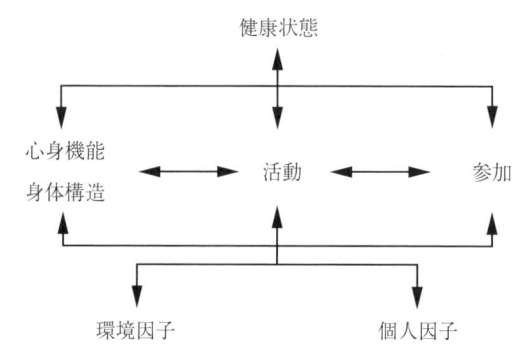

図2.7 ICFの障害の考え方（相互作用モデル）
（世界保健機関（WHO）：ICF国際生活機能分類，5生活機能と障害のモデル，p.17，中央法規（2002））

健康状態	心身身体機能	活動	参加
・脳性麻痺	・高次脳機能障害なし	・食事動作は自立 ・屋内歩行は可能	・対人関係は良好 ・養護学校通学中
	機能障害 ・痙性麻痺 ・軽度言語障害	機能障害 ・入浴自立困難 ・排泄自立困難 ・屋外自立歩行不可	参加制約 ・未改修の最寄りの駅の使用困難 ・屋外移動は車いす必要

図2.8 ICFの障害の考え方（相互作用モデルにおける諸因子の例；脳性麻痺）

対的なものとしている点が大きな特徴である．人の健康状態をこのように「医学モデル」と「社会モデル」相互のベクトルの結果としての相対的なものとしてとらえることで，社会において「障害」や「障害者」と一括りにはできない多様な状況があることが認識できるようになった．ICF 国際生活機能分類日本語版（世界保健機関（WHO）：5 生活機能と障害のモデル，p.17，中央法規 (2002)）では以下のような例が表されている．

- 機能障害（構造障害を含む）があるが，能力の制限はない場合（例：ハンセン病で外観を損じていても，個人の能力にはなんらの影響を及ぼさない場合）．
- 実行状況上の問題や能力の制限があるが，明らかな機能障害（構造障害を含む）がない場合（例：いろいろな病気の場合に見られる，日常生活の実行状況の減少）．
- 実行状況上の問題をもつが，機能障害も，能力の制限もない場合（例：HIV 陽性の人，精神障害回復者の，対人関係や職場での偏見や差別への直面）．
- 介助なしでは能力の制限があるが，現在の環境のもとでは実行状況上の問題はない場合（例：移動の制限のある人が移動のための福祉用具を社会から提供されている場合）．
- 逆方向の影響がある程度ある場合（例：手足を使わないことが筋萎縮の原因となる場合，施設入所が社会生活技能の喪失につながる場合）．

このように障害は原因の多様性のみならず，私たちの社会のあり方に大きく影響を受ける，相対的な位置付けにあるという認識を持つことが大切である．

2.3.2 重度・重複化する障害と医療

近年，わが国において，障害の重度・重複化および多様化が大きな問題となっている．障害者と医療の問題は取りも直さず，重症心身障害者の問題ということができる．

「重症心身障害児」という言葉を初めて使ったのは，昭和 30 年代初頭，日赤

産院の小林提樹らによる。乳児院に措置されてくる非常に障害の程度が重い児童は，家庭での療育はもちろん，肢体不自由児施設や知的障害児施設への入所さえも困難であり，そのような重度の障害のある小児の増加に伴い，これらの者が入所できる施設の創設が急がれた。その際，受け入れ対象を規定する必要から「重症心身障害」という言葉が生まれたとされている。1963（昭和38）年の厚生省次官通達では，**表2.2**に示すように「身体的精神的障害が重複し，かつ，重症である児童」と定義された。この定義は，施設への受け入れ対象を規定するという行政的立場からの流れで発生したものであった。その後，1966（昭和41）年の定義改訂により，単独の障害がある者は重症心身障害児から除外され，満18歳以上の者も含めた形の定義となったため，成人になってからも児童福祉施設への入所が可能となった。

表2.2　重症心身障害児（者）に関する厚生省次官通達

（昭和38年7月26日）

定義：身体的精神的障害が重複し，かつ，重症である児童。
重症心身障害児施設入所対象選定基準
1. 高度の身体障害があってリハビリテーションが著しく困難であり，精神薄弱を伴うもの。ただし，盲またはろうあのみと精神薄弱が合併したものを除く。
2. 重度の精神薄弱があって，家庭内療育はもとより高度の精神薄弱児を収容する精神薄弱施設において集団生活指導が不可能と考えられるもの。
3. リハビリテーションが困難な身体障害があり，家庭内療育はもとより，肢体不自由児施設において療育することが不適当と考えられるもの。

（昭和41年5月14日）

定義：身体的・精神的障害が重複し，かつ，それぞれの障害が重度である児童および満18歳以上のもの〔重症心身障害児（者）〕。

1967（昭和42）年には，児童福祉法の一部改正に伴い，この法律において（第43条の4），重症心身障害児施設に入所させる児童を規定するなかで定義されることとなった。**表2.3**に示すこの定義が現在に至るまで有効的に使われ

表2.3　重症心身障害児施設に入所させる児童の定義（児童福祉法第43条の4）

（昭和42年）

重症心身障害児施設は，重度の精神薄弱および重度の肢体不自由が重複している児童を入所させて，これを保護するとともに，治療および日常生活の指導をすることを目的とする施設とする。

ている。

　1966（昭和41）年，旧文部省が組織してつくった総合研究班は重症心身障害児の系統的研究を開始し，**表2.4**のような身体障害と知能障害の程度を5段階に分けた2軸からなる区分表を作成した。さらに，総合研究班は，重篤な行動異常や視聴覚障害を有する者も重症心身障害児に含めることや，将来重症心身障害児に移行すると考えられる疾患においても考慮するべきであることを指摘し，**表2.5**に示す身体障害の程度についての日常生活における具体例を示すなどして，より具体的で実際的な区分をすることを試みた。

表2.4　旧文部省総合研究班による障害の区分

身体障害度	知能（IQ）	85以上 A 正常	85〜75 B 劣等	75〜50 C 軽愚	50〜25 D 痴愚	25以下 E 白痴
O	身体障害なし	1	2	3	4	5
I	日常生活が不自由ながらもできるもの	6	7	8	9	10
II	軽度の障害 制約されながらも有用な運動ができるもの	11	12	13	14	15
III	中等度の障害 有用な運動がきわめて制限されているもの	16	17	18	19	20
IV	高度の障害 なんら有用な運動ができないもの	21	22	23	24	25

※　区分20, 24, 25が重症心身障害児。現在はB〜Eの区分呼称は用いない。

表2.5　身体障害程度の例示（旧文部省）

I	日常生活が不自由ながらもできるもの 箸が上手に使えない。走るのが下手，飛べない，階段の昇降が不自由ながらできる。ボタンがはめられない，はさみがつかえない。
II	軽度の障害，制約されながらも有用な運動ができるもの 跛行はあるが，歩ける。スプーンなどで食事ができる。自分で排尿・便ができる。
III	中等度の障害，有用な運動がきわめて制限されているもの 座れる，這う，つかまるなどで移動できる。物を取ることができる。食物を握って食べることができる。
IV	高度の障害，なんら有用な運動ができないもの 臥床，座らせて支えると座れる。物を持たせると握る。ほとんど移動できない。自分では全く摂食できない。

1971年に大島らは,知能と運動の障害程度を2軸にとって分類を行い,**表2.6**に示す**大島の分類**を作成し,この分類は現在も汎用されている。重症心身障害者について,以上に概説したほかにもさまざまな分類や定義がここ数十年の間になされてきたが,現在,多くの研究や論文の中で重症心身障害児を規定する場合においては,表2.4の旧文部省の定義または大島の分類が使用されることが多い。

表2.6 大島の分類表

					知能指数
21	22	23	24	25	80
20	13	14	15	16	70
19	12	7	8	9	60
18	11	6	3	4	35
17	10	5	2	1	20
走れる	歩ける	歩行障害	座れる	寝たきり	

運動機能

※ 区分1~4が重症心身障害児。

重症心身障害の英語表記については,1995年の重症心身障害学会において,severe motor and intellectual disabilities (**SMID**) が採択され,国際的な記述における標記が推奨されている。

冒頭にも述べたように近年,わが国において,重症心身障害者の増加が大きな問題の一つであるといわれている。その背景に最も大きく関係してくるのが,障害者に対して行われる医学医療の進歩である。**気管切開,レスピレータ**(人工呼吸器),**栄養管理,感染症コントロール**などの医学医療の進歩は,疾病の死亡率を低下させる一方,最重度の障害者の増加を来す原因となった。近年,これら,日常的に濃厚医療,濃厚介護を生命維持のために要する小児を特に**超重度障害児(超重症児)** という概念でとらえるようになり,1996年からは保険診療に超重症児加算も認められるようになった。超重症児の正確な統計データはないが,日本重症児福祉協会の超重症児実態調査では,毎年4月1日の措置入院中の超重症児数は1992年度の140人が1998年には361人,2003年には656人と著しい増加を示している(重症心身障害療育マニュアル第2

版，医歯薬出版）。

　上述したが，超重症児は図 2.9 に示すように，寝たきり状態で，四肢麻痺，高度の知的障害を伴う。呼吸管理（気管切開，レスピレーター装着，O_2 投与，ネブライザー，気管吸引など）や栄養管理（胃瘻，経管管理など），体位交換，排泄介助など，多くの濃厚な医療・看護・介護的介入を必要とし，コミュニ

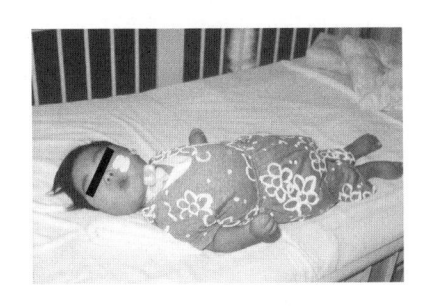

図 2.9　超重症児

表 2.7　超重症児の判定基準（6 か月以上継続する状態の場合にカウントする）
（江草安彦監修：重症心身障害療育マニュアル第 2 版，医歯薬出版（2005））

Ⅰ．運動機能：座位まで	
Ⅱ．介護スコア	
呼吸管理	（スコア）
1．レスピレーター管理	＝10
2．気管内挿管，気管切開	＝8
3．鼻咽頭エアウェイ	＝8
4．O_2 吸入または SaO_2 90％以下が 10％以上	＝5
（＋インスピロンによる場合）（加算）	＝3
5．1 回/時間以上の頻回の吸引	＝8
（または 6 回/時間以上の吸引）	（＝3）
6．ネブライザー常時使用	＝5
（またはネブライザー 3 回/時間以上使用）	（＝3）
食事機能	
1．IVH	＝10
2．経管，経口全介助	＝5
（胃腸瘻，十二指腸チューブなどを含める）	
消化器症状の有無	
姿勢抑制・手術などにもかかわらず内服剤で抑制できないコーヒー様嘔吐	＝5
他の項目	
1．血液透析	＝10
2．定期導尿（3 回/日以上），人工肛門（各）	＝5
3．体位交換（全介助），6 回/日以上	＝3
4．過緊張により 3 回/週の臨時薬を要するもの	＝3
判定：Ⅰ＋Ⅱのスコアの合計 25 点以上＝超重症児とする	

ケーションをとることはきわめて困難である。おもな原因としては先天性の奇形, 奇形症候群, 周産期の重度仮死, 乳幼児期の溺水, 窒息や心肺停止後などの低酸素性脳障害などの重度の脳障害によるものが多い。**表 2.7** には, 超重症児の判定基準を示す。超重症児の継続期間については 4〜5 年から 10 年の長期にわたる。

　先進の福祉工学機器の開発により, 家族の介護負担を減らしたり, 生体情報を利用してコミュニケーションを可能にすることができれば, これらの人々や家族の **QOL** を大きく向上させることが可能になると期待され, 研究・開発が急がれる分野である。

演 習 問 題

1. 人間科学とはなにか。200 字以内で説明せよ。
2. 身体障害者と精神障害者の定義について, ( ) 内に適切な語句を記入せよ。
　　身体障害者福祉法 (第 4 条) によれば, 「身体障害者とは, 身体上の障害がある (a) 歳以上の者であって, (b) から (c) の交付を受けたものをいう。」と定義されている。
　　精神保健及び精神障害者福祉に関する法律 (第 5 条) によれば, 「精神障害者とは, (d), 精神作用物質による急性中毒又はその依存症, (e), 精神病質その他の精神疾患を有する者をいう。」と定義されている。
3. 生体情報を計測することの意義について説明せよ。
4. WHO が提唱した ICF に基づく障害の概念について説明せよ。
5. 障害を規定する医学モデルと社会モデルについて説明せよ。
6. 超重度障害児 (超重症児) とはどのような病態か説明せよ。

第3章 福祉機器

 私たちの日常生活は，基本的には規則的に繰り返される作業の連続である。毎日，環境とのかかわりで生じる要求や問題に対処するために，さまざまな製品を利用しており，その目的を満足させる製品が，適切な設計がなされた快適な製品ということになる。ここでは，市販されている福祉機器を，設計と使い勝手という両側面から，使用目的ごとに具体的に解説していく。また，ノンバーバルコミュニケーションやブレイン-マシンインターフェースなどの新しい技術を取り入れた福祉機器の研究を紹介し，将来を展望する。

3.1 信頼性設計

 製品は，快適である以前に，**安全**（safety）が確保されるように設計されており，**安心**（security）して使用できることが必須である。そのためには，具体的にはどのように設計すればいいのであろうか。ここでは，安全性を確保するために用いられている設計思想の中から，図3.1に挙げる四つの基本的な概念について述べる。

3.1.1 冗長な設計

 機器は，多くの要素部品から成り立っており，システムではそれに加えてソフトウェアも組み込まれている場合が多く，時としてたった一つの要素部品が故障しただけで機器やシステム全体が連鎖的に停止してしまうことがある。機

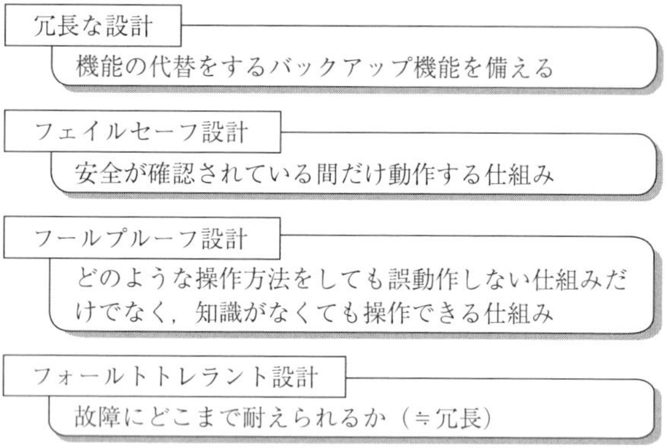

```
┌─ 冗長な設計
│   └─ 機能の代替をするバックアップ機能を備える
│
├─ フェイルセーフ設計
│   └─ 安全が確認されている間だけ動作する仕組み
│
├─ フールプルーフ設計
│   └─ どのような操作方法をしても誤動作しない仕組みだ
│     けでなく，知識がなくても操作できる仕組み
│
└─ フォールトトレラント設計
    └─ 故障にどこまで耐えられるか（≒冗長）
```

図3.1　信頼性設計の概念

器の信頼性を高めるには，要素部品が故障しても，ほかの要素部品で機能を代替できるようにするなど，あらかじめ故障を考慮した構成の機器とすることが必要である．このように，故障時の代替機能を備えた設計を**冗長な設計**（redundancy design）といい，それを備えた機器を冗長な機器という．言い換えれば，冗長な機器は，バックアップ機能を備えていることになる．

特に，機器の故障が生命に危険を及ぼす機器・システムの場合には，冗長な設計が必須である．例えば，自動車などの輸送機器では，2系統以上のブレーキを備えることが米国自動車安全基準（federal motor vehicle safety standards, FMVSS）などでも定められている．

3.1.2　フェイルセーフ設計

機器やシステムは，いつか必ず故障が発生するということを念頭に置き，故障が発生した場合には，つねに安全側にその機能が作用する設計を**フェイルセーフ設計**（fail safe design）という．

機械であれば，危険に陥ったら停止する仕組みでなく，「安全が確認されている間（危険な状態になる前）だけ動作する仕組み」を考えることになる．例えば，壊れやすい部分を設けておき，高い負荷が加わった場合などには，意図的にその部分が壊れるようにしておくことで，全体が動作しなくなる仕組みな

どである．電気のヒューズは，電気回路に過電流が流れると瞬時に焼き切れ，電気回路の他の部品の過熱による故障や，使用者への危険を回避することができる．また，レバーを上下するタイプの蛇口では，レバーを上げたときに水が止まるように設計してしまうと，もしなんらかの振動が加わった場合には重力の作用でレバーが下がり，水が出っ放しになってしまう．レバーを下げたときに水が止まるように設計すれば，このような心配は要らなくなるわけである．

3.1.3 フールプルーフ設計

フールプルーフ設計（fool-proof design）は，日本語では馬鹿除けともいい，なんら知識をもたない者が誤った使い方をしても事故に至らないようにする仕組みだけでなく，知識を持たなくても簡単に操作できる仕組みという，相反した二条件を兼ね備えた設計を指す．

乳幼児が医薬品などの蓋を開けて中身を飲み込み事故に至るのを避けるために，特定のボタンを押しながら蓋を回さないと開かない仕組みや，蓋を開けるとスイッチが切れる脱水機や電子レンジなどがこれに当たる．子供や高齢者に安全であるということは，健常な成人にも安全であるという**ユニバーサルデザイン**（4.4 節）につながる発想である．

3.1.4 フォールトトレラント設計

機器やシステムに障害が生じたとき，正常な動作を保ち続ける能力をフォールトトレランスという．**フォールトトレラント設計**（fault tolerant design）は，おもにコンピュータシステム設計に用いられ，故障が起こった際にどれだけ耐えられるかという能力，すなわち耐障害性を意味している．基本的には，電源，中央演算処理装置（CPU），記憶装置などのハードウェアを二重化させて冗長なシステムとし，定期的にデータのバックアップを自動的に取ることで，システムの一部に問題が生じても，全体が機能停止するということなく，継続的に動作する設計である．

その他，自動車のタイヤが 1 本パンクしても走行できるような設計や，ジャ

54   第3章 福 祉 機 器

ンボジェット機のいくつかのエンジンが故障しても，一つ動いていれば飛び続けられるような設計などもこれに当たるが，機器の場合は冗長な設計という場合が多い．

3.2 移 動 機 器

3.2.1 車　　い　　す

車いす，すなわちいすに車輪の付いた移動機器に関する最初の記録は，一説には紀元前6世紀にまでさかのぼるともいわれる．中世ヨーロッパでは，肢体障害者に手押し車が使われていたという記録もある．**ルネサンス**（Renaissance，14〜16世紀）期を迎えると**人間科学**が開花し，使用者と介護者の双方にとって使いやすい車いすが考案されるようになった．

1章で述べたように，車いすは，おもに身体機能の低下や障害により，歩行が困難となった肢体障害者が利用する移動手段である．**図3.2**には，厚生労働省によって在宅者を対象に5年ごとに調査して得られた身体障害児（者）数の実態調査の結果を示す．肢体障害者数は，全身体障害者の60％弱を占め，200万人に迫る勢いで増加している．近年の増加傾向は，一つには超高齢化により

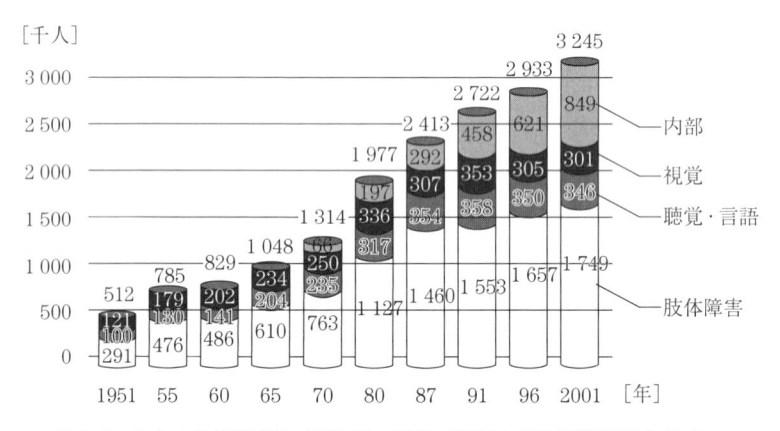

図3.2　日本の身体障害児（者）数の推移（資料：厚生労働省平成13年「身体障害児（者）実態調査」，5年ごとに調査，千人/在宅者）

後天的に障害者として認定される者が急増しているためと考えられる。よって，車いすなどの移動機器も，それら新しいユーザの要求を満足する設計が望まれる。

今日，利用されている標準的な車いすは，図3.3（(株)松永製作所）に示すように，いすの両側に自転車に似た二つの大きな固定輪が取り付けられ，これが後輪となっている。後輪の前部には，二つのキャスター（自在輪）が取り付けられ，これが前輪となる。二つの後輪は，おのおの独立に回転するようになっており，後輪に取り付けられたハンドリム（円環状の持ち手）を自らの手で操作して移動する。二つを一緒に回せば前進・後進でき，どちらか一つを回すか，もしくは二つを逆方向に回せば，左右に方向転換できる。

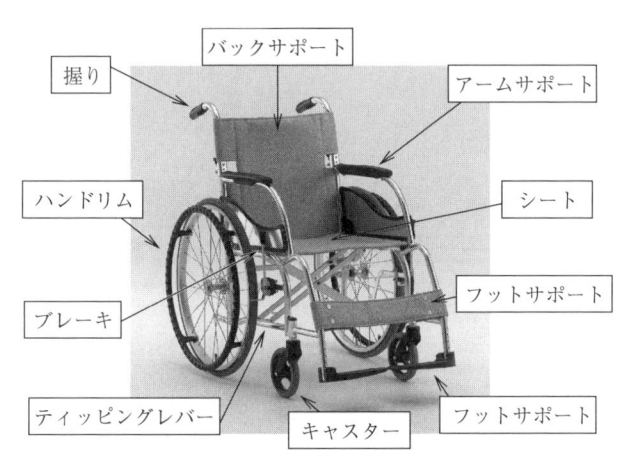

図3.3 標準的な車いすの外観（(株)松永製作所，MW-SL 1，重量10 kg）

ティッピングレバーは，介護者が車いすを介助して動かすとき，段差を超える場合などで使用する。ティッピングレバーを足で押さえ，握りを後下方に引いてキャスターを持ち上げるのである。レバーブレーキは，自動車のパーキングブレーキと同様に，車いすへの乗降の際に車いすが動かないように後輪を固定するためのものである。

通常は，使用者自らの人力で走行する車いすを特に限定せずに「車いす」と

呼ぶが，後述する電動車いすなどと比較する場合には自走式車いすという場合もある。また，介護者が走行させる車いすを介助用車いすということがある。

車いすの設計においては，駆動部の設計が基本となる。

〔1〕 **特徴的な構造**　図3.4(a)に示すように，輸送機器の車輪を進行方向から見たとき，タイヤ中心線が鉛直線に対してなす角度をキャンバー（角）(camber) という。キャンバーを設けることは，車輪の接地面積を広げて横方向の安定性を増し，より速い回転を可能とするなどの利点がある。通常は0〜15°，多くは2〜4°の範囲が用いられる。スポーツ用途の車いすでは，キャンバーを大きくすることが多く，手のひらが体の近い位置にくるなどの利点も生じる（図1.2(b)）。

（a）キャンバー角　　　（b）ホイールベース

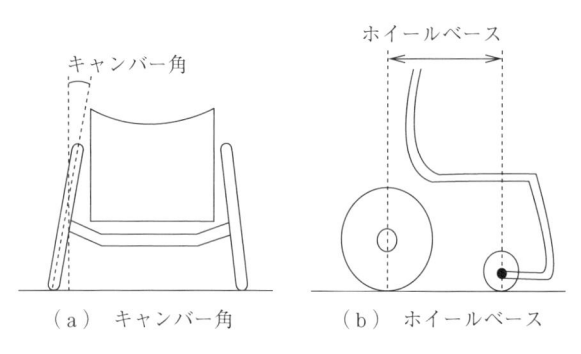

図3.4　車いすの設計で重要となる特徴的な構造

図3.4(b)に示すように，3輪以上の輸送機器の車軸間距離をホイールベース（wheelbase）という。車輪の中心にある回転体をハブ（hub）というが，前輪のハブ中央と後輪のハブ中央を結んだ線の長さを指す。輸送機器に共通な基本的性質として，ホイールベースが長いほど安定性が増すが，カーブで曲がりにくくなる。逆にホイールベースが短いと直進性が低下するが，回転は楽になる。さらに，車いすでは，ホイールベースが短いと段差を越えにくくなり，前輪をウィリーさせるなどの操作テクニックが必要となる。

〔2〕 **移動のしやすさ**　表3.1に示すように，直径，材質，キャンバーなどの車輪の仕様によって，ハンドリムの回転抵抗が小さくなるような設計を行う

3.2 移動機器

表3.1 移動のしやすさに関与する車いすの仕様

車輪の仕様	大←抵抗→小		決定要因
直 径	小	大	・車いすの大きさ ・重心
材 質 (弾性)	軟	硬	・乗り心地
面 積 (キャンバー)	大	小	・直進性 ・地面の状態 →草地，砂地は面積大に
重 量	大	小	・重心 ・運搬

ことができる。これらは，車いすの大きさ，乗り心地，直進性や可搬性などに影響する。

〔3〕**安 定 性** 重心の位置を調節することによって，車いすの安定性を向上することができる。重心は，シート，バックレスト，フットレストの傾きや，前輪，後輪の直径などで変わる。重心が後輪寄りになれば，こぐのが楽などの長所があるが，逆に転倒のしやすさなどに注意しなければならない。

車いすの利用が原因となって発生する二次障害としては，以下の事項が挙げられる。

1) 上肢の使い過ぎによる損傷
2) 転倒，落下などの事故による損傷

電動車いすは，図3.5((株)松永製作所)に示すように，(ⅰ)自走式車いすに電磁モータを取り付けてその駆動力だけで走行するもの(図(a))，(ⅱ)自走式車いすに電磁モータを取り付けて駆動力の一部を補助するもの(図(b))，もしくは(ⅲ)最初から電動車いすとして設計され電磁モータによる駆動力の補助の程度を選択できるものなどがある。いずれも，重量が30 kg弱と，自走式車いすに比べて重くなる。なお，電磁モータなどの駆動力を用いて，操作者の弱い力で重いものを移動させる補助技術を**パワーアシスト**(power assist)といい，ペダルの回転トルクをセンサで感知し，一定以上のトルクが必要になったときにそのこぐ力を補助する電動自転車などが販売されている。

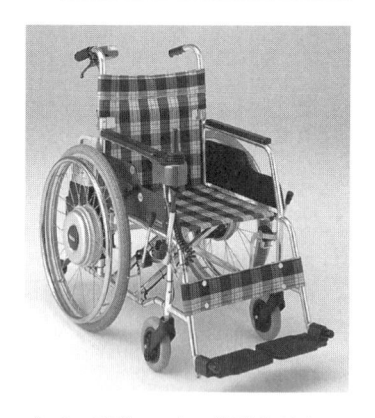

(a) 電磁モータの駆動力だけで走行する電動車いす（(株)松永製作所，MJW-I，重量 27 kg，前進 2.5〜4.5 km/h，後進 2.5 km/h，電動走行距離約 10 km，充電時間 2〜3 h）

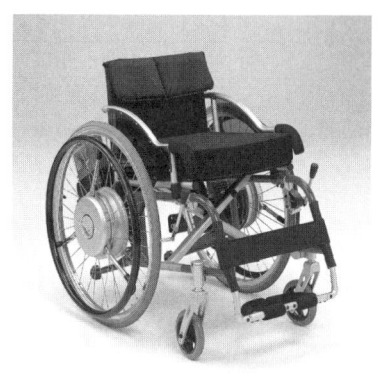

(b) 駆動力の一部を補助（パワーアシスト）する電動車いす（(株)松永製作所，MJW-II，重量 26 kg，補助速度は前後進 6 km/h 未満，電動走行距離 約 15 km，充電時間 2〜3 h）

図 3.5　電動車いすの外観

また，図 3.6 に示すように，人体に直接装着することによって，肢体の運動機能を補助，代行，さらには増幅する衣服型のパワーアシストスーツ（ロボットスーツ，筑波大学山海嘉之教授）の研究開発も始まっている。筋肉を動かそ

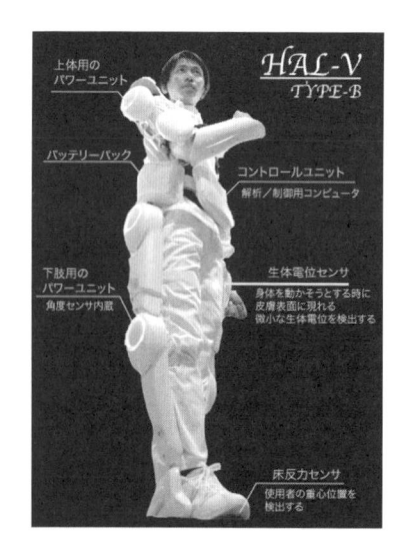

図 3.6　人体に直接装着する衣服型のパワーアシストスーツ（Prof. Sankai University of Tsukuba/CYBERDYNE Inc.）

うとしたときに発生する生体電位の変化を皮膚表面に貼り付けたセンサ（**筋電計，electromyograph**）で検出し，その電位変化に応じてモータを制御したり，データベース化された人の基本動作や動作中の人の各種情報から，パワーアシストスーツ自らが装着者に先立ってその動作を開始したりする．これは，障害者や高齢者だけでなく，健常者も利用することが可能な技術であり，**サイボーグ**の一つと考えることもできる．サイボーグとは，サイバネティックオーガニズム（cybernetic organism）の略で，生体の低下もしくは喪失した身体機能を補う人工器官を移植した生体のことで，サイエンスフィクションなどで用いられてきた言葉である．

さて，車いすに話を戻すと，利用者の日常生活において，住宅などの生活空間を，車いすに合わせて改良していくことも，QOL 向上のために重要である．手の位置に注目して，健常者と肢体障害者の生活空間を比較してみよう．健常者の生活空間を1日の生活時間で考えると，**図 3.7** に示すように高さ方向の変化に富んでいる．逆に，肢体障害者では，寝具，トイレ，キッチン，風呂などで，日常生活を営むのに欠かせない用具の高さを車いすの高さに合わせると，移動や操作が格段に容易となる．ただし，この場合には浴槽の高さが通常より低くなるので，乳幼児が同居している場合には，水の事故につながらないような注意も必要である．

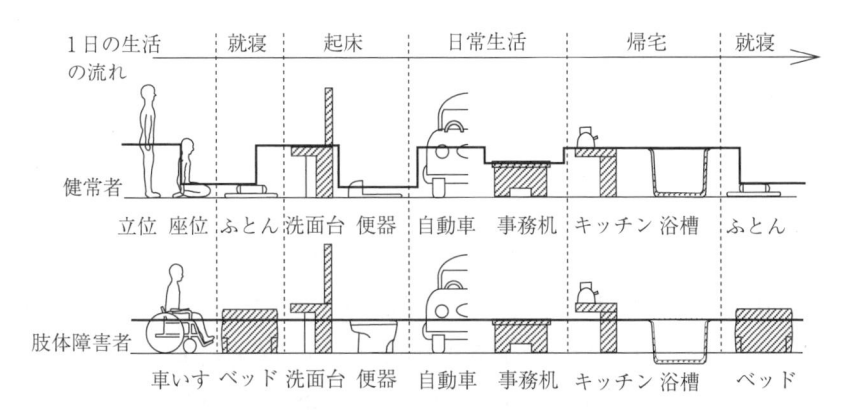

図 3.7 健常者と肢体障害者の生活空間の比較

さらに，材質やデザインが日本の木造住宅に整合する車いすへの取り組みとして，図3.8に示す木製車いす（(株)多田木工製作所）も市販されている。木材を用いる場合には，その設計において機械強度と軽量化のバランスを取る必要がある。この車いすでは，重量17 kgとなり，標準的な車いす（図3.3）に比べて重量は増えているが，例えば屋内専用で用いる場合には大きな問題とはならないであろう。

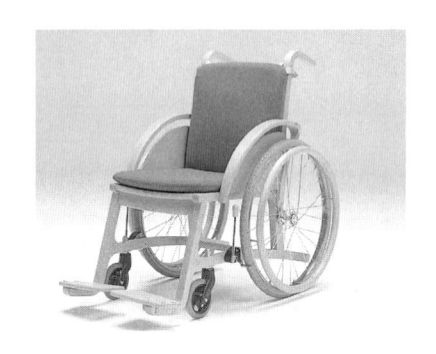

図3.8 木製車いすの外観（(株)多田木工製作所，Swan 1，重量17 kg）

3.2.2 福祉自動車

歩行が困難で車いすを必要とする肢体障害者などが，自ら自動車の運転ができるように，障害に応じて自動車に取り付けて運転操作を補助する装備品が開発されており，このような福祉機器を**自動車補助装置**（car adaptations, CCTA 95）と呼ぶ。自動車補助装置を装備した自動車のことを，**福祉自動車**，もしくは**福祉車両**ということもある。

道路交通法では，1) 体幹の機能に障害があって腰をかけていることができない者，2) 四肢の全部を失った者または四肢の用を全廃した者，3) 自動車等の安全な運転に必要な認知又は操作のいずれかに係る能力を欠くこととなる者は，免許を受けることができないか，もしくは停止，取り消しを受ける，と定められている。すなわち，なんらかの機器を用いることなどにより，これらに該当しないと認められれば，自動車の運転ができることになる。

福祉機器の製品化に関する共通の課題として，市場規模が小さく，また利用者の身体的特徴が多義に渡るため，量産によるコストダウンが期待できないこ

とが挙げられることが多い。このような，利用者が数万人未満の障害者を対象にした福祉機器を，後に述べるように**オーファンプロダクツ**という（4.5.2項）。しかし，図3.2に挙げるように，日本の身体障害者の総数は2001年で324.5万人，そのうち肢体障害者は174.9万人にも上り，さらに増加傾向にある。このような社会的背景もあり，自動車補助装置を装備した福祉自動車は年々増加しており，図3.9に示すように2003年にはその販売台数が4万台を超えた。

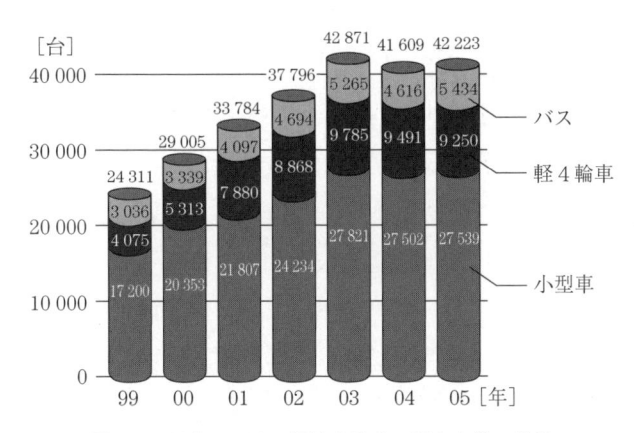

図3.9 日本における福祉自動車の販売台数の推移
（資料：（社）日本自動車工業会）

図3.10には，肢体障害者が自分自身で運転できるように複数の自動車補助装置（コントロールアーム，グリップ，サイドポートなど）を取り付けた自動車（トヨタ自動車（株），同社ではフレンドマチック車と呼んでいる）を示す。このように，自動車メーカーと福祉機器メーカーの相互協力によって，市販車の多くは，新車購入時などに自動車補助装置を取り付けられ，福祉自動車に改良できるようになった。

コントロールアームは，手前に引くとアクセル，押すとブレーキの操作ができる。コントロールアームには，ホーンスイッチ，ウインカースイッチと定アクセル/ブレーキロックスイッチが設けられている。定アクセル/ブレーキロックスイッチは，コントロールアームから手を離すことができるようにするもの

図 3.10 肢体障害者が自分自身で運転できるよう自動車補助装置を取り付けた自動車（トヨタ自動車（株），車種：ラウム，フレンドマチック車）

である．コントロールアームを手前に引いて走行中にこのボタンを押すと，コントロールアームがその位置で固定され，手を離しても一定スピードで走行できる（定アクセル）．逆に，坂道を登坂中にコントロールアームを押すと車は停車するが，このときにこのボタンを押すと，コントロールアームがその位置で固定され，手を離しても坂道で車を停車することができる（ブレーキロック）．もう一度ボタンを押すと，定アクセル/ブレーキロック状態が解除される．福祉自動車においても，足で操作するアクセルやフットブレーキもそのまま残されているので，必要に応じて健常者が運転を交代することもできる．

左手でコントロールアームを操作しているとき，右手だけでハンドルなどのステアリング（舵取り）を操作しなければならない場合がある．そこで，ハンドルに取り付けて使用する専用のグリップが用意されている．このグリップは，ハンドルとの接続部が回転するようになっているので，グリップ自体は回転することなく，片手で握ったままハンドルを連続的に回転できる．これは，もともとフォークリフトで用いられていたものであり，一般製品を特に設計変更することなく障害者も使うことができた**ユニバーサルデザイン**の一種と考えることもできる（4.4.1 項）．

また，自動車の運転においては，道路のカーブに応じて体幹が左右方向に遠心力を受けるが，下肢が不自由な場合には，体幹を一定の位置に維持するのが

困難となる．そこで，サイドポートと呼ばれる出っ張りが付いた専用シートを利用して，運転姿勢を維持する．

　一方で，自ら運転することが困難な高齢者や障害者の移動のために，車いすの自動車への搬入や，車いすに座ったまま自動車への乗降ができる自動車補助装置も市販されている．図 3.11 には，助手席リフトアップ装置と車いす搭載装置の二つの自動車補助装置を装備して，乗降時の障害者や介護者の肉体的負担を低減した自動車（トヨタ自動車（株））を示す．

図 3.11　助手席リフトアップ装置と車いす搭載装置の二つの自動車補助装置を装備して，乗降時の障害者や介護者の負担を低減した自動車（トヨタ自動車（株），車種：シエンタ，助手席リフトアップシート車）

自動車補助装置の開発の課題としては，一般的に以下の事項が指摘されており，これらは福祉機器に共通する課題でもある．

1) ユーザである高齢者や障害者に関するまとまった情報（**データベース**）の整備が十分でないために，経験主義的なアプローチとなり，開発のスピードを上げられない．一方，ユーザも情報を入手しにくく，購買に結び付かないことがある．
2) 製品の差別化を図るあまり，機能主義やハイテク信仰に陥り，使いづらく高価なものになりやすい．

このような福祉自動車の開発だけでなく，行政などが主体となって自動車を取り巻く環境の整備や啓蒙活動も進められなければならない．**ハートビル法**

(高齢者，身体障害者等が円滑に利用できる特定建築物の建築の促進に関する法律，1994年制定，4.2節）により，デパート，スーパーマーケット，ホテル等の不特定多数の者が利用する建築物の駐車場には，車いす使用者用の駐車スペース（幅350 cm以上，車いすを意匠化したマークを表示）を1か所以上設けることが求められるようになった。車いすの乗降には，隣の車との距離が余分に必要なので，350 cmという幅は一般の駐車スペースよりも広く設定されており，重要な意味がある。それに気付かず，健常者が車を停めてしまうことはないだろうか。だれにでも住みやすい社会を構築するには，福祉機器という**ハードウェア**だけでなく，環境整備や啓蒙活動[†1]などの**ソフトウェア**からの取組みも，ますます重要になっていくであろう。

[用語解説]
† 1　10月1日は，福祉用具の日。1993年に施行された「福祉用具の研究開発及び普及の促進に関する法律」（通称，福祉用具法）の施行日にちなみ，(財)テクノエイド協会や(社)日本福祉用具供給協会などの福祉関連団体を中心に，一般になじみが薄く，なにか特別なものと感じる福祉用具の普及・啓発のための全国一斉キャンペーンが行われている。

3.3　コミュニケーション機器

3.3.1　コミュニケーション障害

コミュニケーション（communication）とは，生物間で行われる知覚，感情，思考の伝達を意味し，人では**言語**（verbal），文字や合図など視覚・聴覚を媒介にして行われる聴く，話す，読む，書くといった情報伝達を指すことが一般的である。よって，言葉によらないコミュニケーションを特に**ノンバーバルコミュニケーション**（nonverbal communication）といって区別している。

コミュニケーションは，**図3.12**に示すように，送り手が大脳で伝えたいことを思考して言語化して始まり（言語学的レベル），言語を話し言葉として出

3.3 コミュニケーション機器

```
知覚・脳         ┌─────────────────┐         知覚・脳
機能障害         │言語学的レベル（大脳）│         機能障害
                 └─────────────────┘
                      ↓    ↑
言語障害         ┌─────────────────┐         聴覚障害
                 │ 生理学的レベル  │
                 └─────────────────┘
                 出力系↓    ↑入力系
                 ┌─────────────────┐
                 │ 音響学的レベル  │
                 └─────────────────┘
```

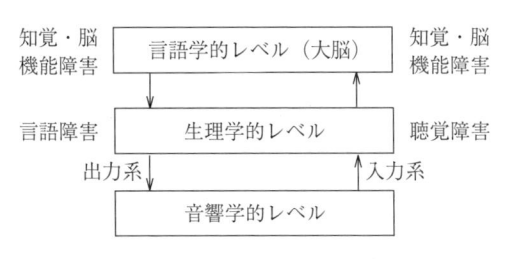

図 3.12 コミュニケーションの流れ

力し（生理学的レベル），音声が音波として伝播して相手に届く（音響学的レベル）。受け手は，内耳で音響エネルギーを電気信号に変換し（生理学的レベル），神経系を介して大脳に伝達された音声情報が解読され意味を理解する（言語学的レベル）。

コミュニケーション障害とは，言語学的レベルと生理学的レベルのいずれかの段階に問題が生ずることによって発生し，具体的には特に**言語聴覚障害**のことを指している。言語聴覚障害には，聴覚の身体的機能の障害が原因となる**難聴**（聴覚障害，3.4.2項），声帯，口腔，呼吸機能などの発声に必要な身体機能の障害が原因となる**構音障害**や，脳出血や脳梗塞などで引き起こされた脳の知覚障害や脳機能障害が原因となり情報伝達に支障を来す**失語症**などがある。先天的，後天的を問わず，言語聴覚障害がある人の検査や訓練をする**言語聴覚士**という国家資格も設けられている（付録 1）。

3.3.2 アクセシブルテクノロジー

聴く（警報），話す（電話），読む（読書），書く（書字）というコミュニケーションに用いられる機器を，**コミュニケーション関連用具**（aids for communication, information and signalling, CCTA 95）という。広く用いられている福祉機器としては，眼鏡などの光学的補助具や補聴器がこれに該当する。また，テレビ，ラジオやワードプロセッサは一方向，電話，E-mail や電話は双方向のコミュニケーションのための技術である。そこで，日本語入力が**点字**として出力される点字ワードプロセッサ，受話音を振動で出力し，骨導で伝え

ることで難聴者に明瞭な受話音を提供する**骨伝導式電話機**や，弱視者のために画面を拡大するソフトウェアなどが実用化されている．

　情報技術（information technology，**IT**）は，万人にとってコミュニケーションを支える重要な技術である．だれにでも利用しやすい技術を提供する意義を，コンピュータの**オペレーティングシステム**（OS）を例にとって考えてみよう．メーカーごとにバラバラであった OS は，1995 年の **Windows95**（Microsoft Corp.）の登場によって一気に統一が進んだ．例えば，Windows 95 で動作する Word というワードプロセッサで作成した電子ファイルは，同じ OS をインストールした世界中のどのコンピュータでも読むことができるようになり，世界的な情報の共有化が可能となった．一方で，コンピュータや OS のモデルチェンジのサイクルは短くなる傾向にあり，高価で特殊な入力装置を必要とするコミュニケーション障害者にとっては，頻繁に対応作業や出費が必要になるという不利な状況も生じている．米国では，1986 年に「電子機器が障害者に使えるようにすること」を法的に求める**アクセシビリティ**（accessibility，利用しやすさ）指針が定められた．**アクセシブルテクノロジー**（accessible technology）とは，おもに高齢者，障害者を支援する IT のことを指している．

　日本では，2001 年に施行された**高度情報通信ネットワーク社会形成基本法**（**IT 基本法**）の第 8 条において，「高度情報通信ネットワーク社会の形成に当たっては，地理的な制約，年齢，身体的な条件その他の要因に基づく情報通信技術の利用の機会又は活用のための能力における格差が，高度情報通信ネットワーク社会の円滑かつ一体的な形成を著しく阻害するおそれがあることにかんがみ，その是正が積極的に図られなければならない」と定められ，利用機会の格差の是正が求められた．格差の存在を前提にしているところに議論の余地はあるが，IT において高齢者，障害者への配慮の必要性を明記している点は評価できる．

　アクセシブルテクノロジーへの取組みの一つとして，**ユニバーサルインターフェース**（universal interface）という概念を取り入れた規格が現れた．コン

ピュータと周辺機器が接続できない原因は，両者のハードウェア，もしくはソフトウェアが一致していない（互換性がない）からである。ユニバーサルインターフェースが現れる以前から，Windows と **Macintosh**（マッキントッシュ，Apple Inc.）の 2 大 OS に対応したマウスなど，一つの周辺機器で複数の OS やコンピュータに対応できるような多機種対応製品が存在していた。ユニバーサルインターフェースと多機種対応製品の違いは，公共性と経済性のどちらを重要視しているかにある。例えば，コンピュータに周辺機器を接続するためのデータ交換経路（バス）規格の一つに USB（universal serial bus）がある。これは，コンピュータと周辺機器のいずれもが USB という 1 種類の入出力端子で統一されていれば，接続が便利だということである。これは，経済性を重視しており，多機種対応製品（規格）に当たると考えられる。一方で，**TAS**（total access system）や **GIDEI**（general input device emulating interface）などの入出力インターフェースが提案されている。これらは，コンピュータの入出力を，多数のバス規格に対応した中継器（ハードウェア）や，バス規格間のデータ変換を行うソフトウェアで共通化するものである。このような考えに基づいたインターフェースは，コンピュータや OS のモデルチェンジに左右されない環境を提供できる可能性がある。ユーザに特定の技術を用いることを強要しないという意味で，公共性を重視しているといえる。

3.3.3 ノンバーバルコミュニケーション

ノンバーバルコミュニケーションを必要としている障害者は多い。特に，**重症心身障害者**は，知能指数 35 以下の重度の知的障害と，寝たきりかやっと座れる程度の重度の肢体不自由が重複した，障害者の中でも最も重い障害を持った者であり，快・不快の情動を他者へ的確に伝えることができない（2.3.2 項）。その上，重度心身障害者の生命維持には，酸素を供給する**気管カニューレ**や流動食を供給する**胃チューブ**の交換といった**医療処置**が必要であり，それには極度の肉体的・精神的な苦痛を伴っていると想像される。

そこで，新しいノンバーバルコミュニケーション手段として，**バイオマー**

カー (biomarker) を用いた**非侵襲的** (noninvasive) な化学計測手法が研究されている。バイオマーカーとは，人が発する生体情報を，血液，間質液，唾液，尿などの生体サンプルに含まれる生化学物質 (biochemical material) の濃度から読み取り，数値化・定量化した指標を意味している。交感神経系や内分泌系に直接・間接的に関与するバイオマーカーでは，ストレスの度合いに応じて濃度が顕著に変化するものがあり，ストレスマーカーとも呼ばれる。**脳波** (electroencephalogram, **EEG**)，脳血流量，血圧，**心拍数** (heart rate) や**心電図** (electrocardiogram, **ECG**) などの物理計測だけでは押さえ込めなかった人の生理反応を定量評価するには，バイオマーカーは必要不可欠なものであり，その技術開発には大きな社会的ニーズがある。

ストレスマーカーの一つに，唾液腺から分泌される **α-アミラーゼ**（唾液アミラーゼ）がある。唾液アミラーゼは，図 3.13 に示すように**交感神経-副腎髄質系**（sympathetic nervous- adrenal medullary system, SAM システム）の制御を受けている。さらに，唾液腺の交感神経系では，末梢性のアドレナリン

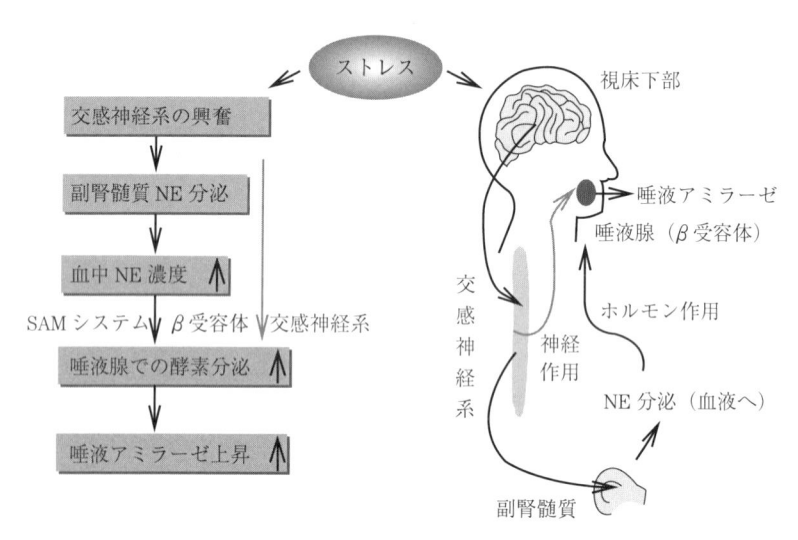

NE：ノルエピネフリン
SAM システム：sympathetic nervous-adrenal medullary システム

図 3.13 ストレスによる唾液アミラーゼ分泌の機序

作用として，α_1 受容体で水，β 受容体で唾液アミラーゼなどのタンパク質の分泌が**亢進**（興奮させることを意味する医学用語）されることがわかっている．すなわち，不快なストレス状態において生じる口の渇きは，従来考えられていたような交感神経による直接的な分泌抑制ではないのである．このような機序から，唾液アミラーゼというバイオマーカーを分析すれば，交感神経系の亢進の度合いを計測できると考えられる．なお，唾液アミラーゼは**消化酵素**の一種なので，その濃度は酵素活性として U/l で示される．

図 3.14 は，日常的な胃チューブの交換，もしくは気管カニューレが必要な重症心身障害者において，医療処置前後の唾液アミラーゼ活性と心拍数を同時に測定することで，一過性（**急性**という）のストレス検査を行った結果である．医療処置によって唾液アミラーゼ活性が統計的にも有意に増加し，その増加率は心拍数よりも 2 倍以上大きいことや，医療処置後には医療処置前とほぼ同じ値まで減少することが観察されている．この研究により，脳の機能に大きな障害を負った障害者でさえ，医療処置という刺激によって生理的変化が引き起こされていること，それを唾液アミラーゼというバイオマーカーでとらえられることが示された．

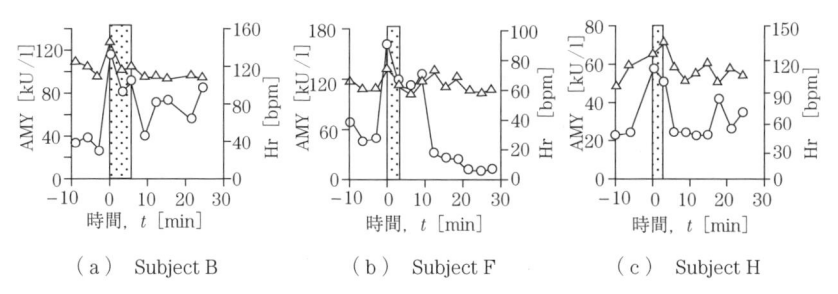

(a) Subject B　　(b) Subject F　　(c) Subject H

○：AMY（唾液アミラーゼ活性），△：Hr（心拍数），▦：医療処置

図 3.14 医療処置における重症心身障害者の唾液アミラーゼ活性と心拍数の経時変化

21 世紀の重症心身障害者医療にとって最大の課題は，障害者が介護者にわかるような言葉や動きで心のなかを表現してくれないからといって放棄するのではなく，介護者にとって未知の発信を可能な限りの手段で理解できるように

することであろう．

使用環境に左右されることなく迅速に交感神経の亢進/沈静を計測するために，図3.15に示すような唾液アミラーゼ活性による携帯式交感神経モニタが開発され，市販されている（図(a)，(b)が研究用試作機器，図(c)が市販機器）．このモニタは，使い捨て式のテストストリップと本体で構成されており，30 μlほどの唾液を採取するのに30秒，転写と分析に30秒が必要であり，計1分ほどで唾液アミラーゼ活性を分析できる．

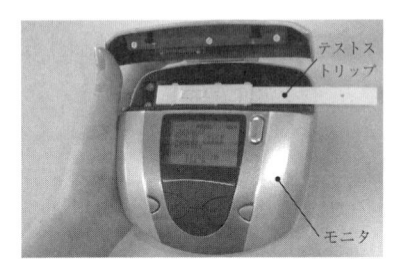

（a）本体に装着した使い捨て式のテストストリップ（110 × 100 × 40 mm^3，350 g）

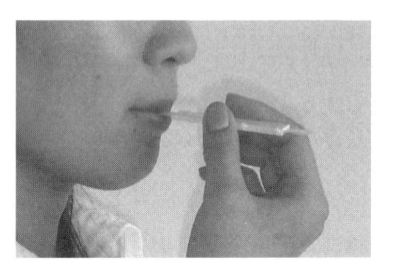

（b）テストストリップを口腔に挿入すると約30秒で唾液が採取できる

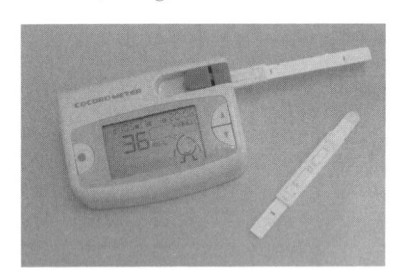

（c）市販されたストレス測定器（ニプロ（株），COCORO METER，130 × 87 × 40 mm^3）

図3.15 バイオマーカーを化学分析して交感神経活性を評価する携帯式交感神経モニタ

もし，このような生理検査が研究室内だけでなくフィールド（in use）でも定量的に実施できるようになれば，個人の日常生活空間におけるストレスの度合いを知るコミュニケーション手段にもなり得る可能性がある．図3.16は，

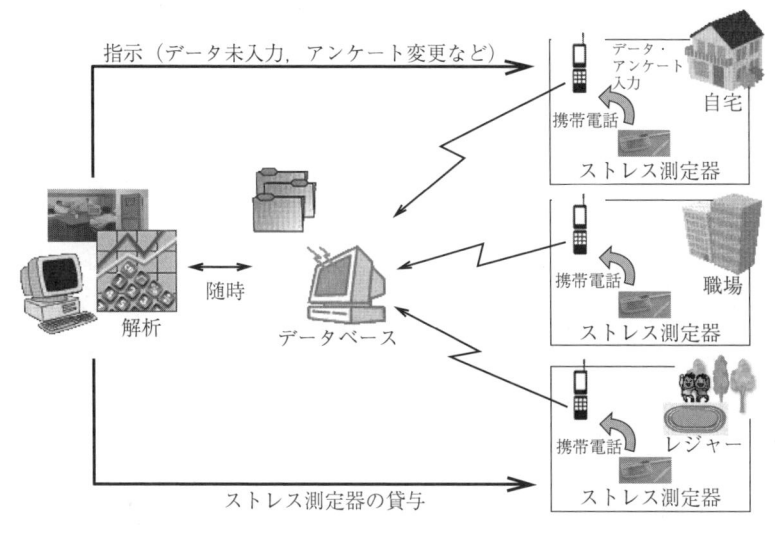

図 3.16 携帯電話を介したストレス/快適性情報のリアルタイム収集システム

ストレスや快適性の評価を行うために構築された携帯電話を介した生体情報のリアルタイム収集システムである。このシステムを用いれば，ほぼリアルタイムでデータを収集・解析できる。各被検者の動向を把握することが可能となるので，データ未入力（欠損値）や，並行して実施される主観評価アンケートの変更などにも迅速に対応できる。このシステムは，健康・福祉機器，医薬品や工業製品の有用性を評価して，QOL の高い製品を開発する手法としても利用できるであろう。

ノンバーバルコミュニケーションとは，言い換えれば，五感刺激（人への入力）と心身の反応（人からの出力）の関係を利用した新しいコミュニケーション手段であるともいえる。それには，**図 3.17** に示すように，心や体の反応に深くかかわる生体反応を，生理量を出力として定量すること，すなわち，**五感センシング**が重要となってくる。五感センシングでは，入力（五感刺激）を定量することよりも，出力（特に情動）を定量することに，より大きな意義がある。

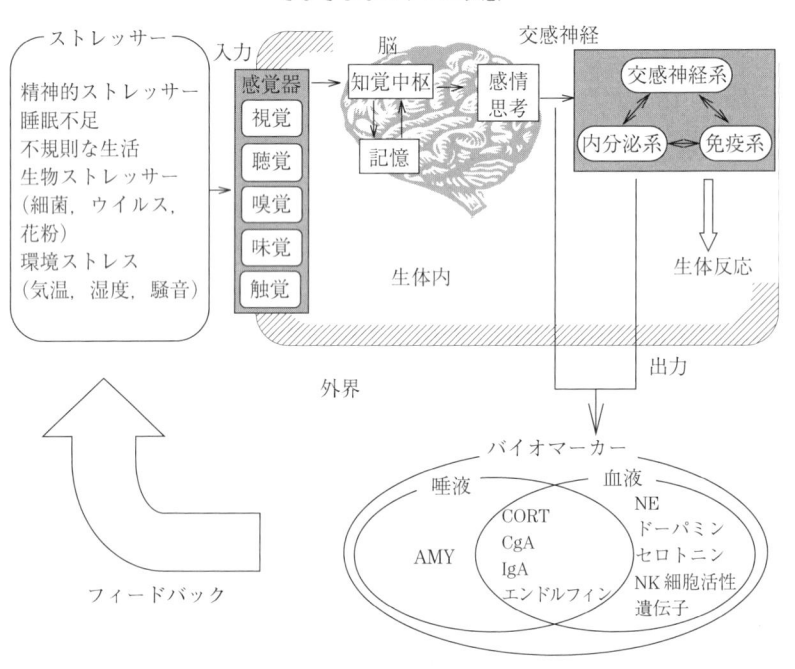

図 3.17 五感刺激と情動をつなぐバイオマーカー（五感センシングの概念）

AMY：α-アミラーゼ，CORT：コルチゾール，CgA：クロモグラニン A，IgA：免疫グロブリン A，NE：ノルエピネフリン，NK細胞：ナチュラルキラー細胞

3.3.4 ブレイン-マシンインターフェース

これまで，サイボーグのように生体に埋め込むか，もしくは装着して用いる人工器官（機械）のコントロールには，筋肉から発生する電位を利用することが研究されてきた（3.2.1項）。大脳は，百億を超える神経細胞（ニューロン，後述）のかたまりであり，その中から特定の神経細胞の電位変化を直接取り出すことは，長い間無理だと考えられてきたからである。しかし，ニューヨーク州立大学のジョン・シェーピン（John K. Chapin）は，ついに世界で初めて脳

神経活動でコンピュータを直接操作する**ブレイン-マシンインターフェース**(brain-machine interface, BMI) を開発した。これは，身体障害者のための新しい**リハビリテーション医療**（rehabilitative medicine）として利用できるのではないかと期待されている。

　神経細胞は，細胞体と，それから伸びる1本の長い軸索と多数の樹状突起から構成され，これらを合わせて**ニューロン**（neuron）という。ブレイン-マシンインターフェースの実現のためには，脳神経活動で直接制御可能な人工器官（センサ），ニューロン活動を長期間記録するための生体適合性に優れた完全埋込式の記憶装置，膨大な入出力情報をリアルタイムで処理できるコンピュータアルゴリズムの開発が同時に必要であるとされる。場合によっては，操作する機器から大脳への感覚フィードバック手法も必要となる。

　図3.18は，ブレイン-マシンインターフェースの概念を示す。大脳の**前頭葉**（frontal lobe）には，運動を司る**運動野**と呼ばれる部位がある。複数の電極を数ミリ角に微細化したセンサを運動野に埋め込み，ニューロン活動を検出できるようにする。そして，頭の中でも動作をイメージしつつ，ロボットハンドの操作など所定の動作を繰り返し行わせる。このとき，ニューロン活動のパター

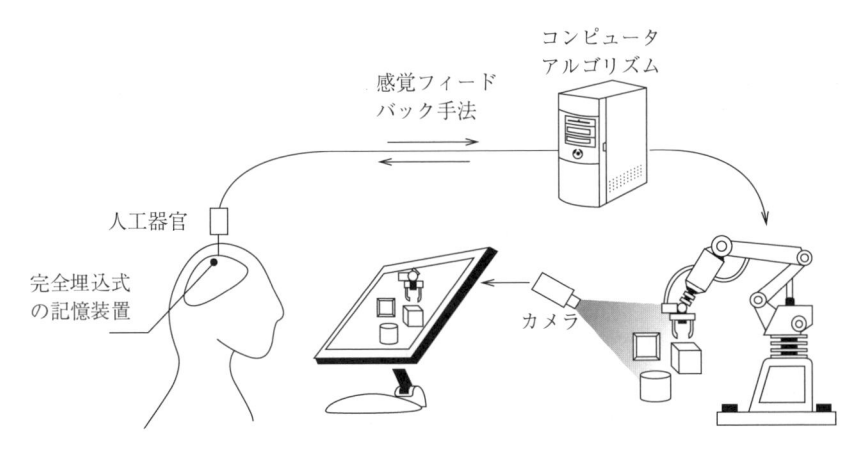

頭の中で考えたようにロボットハンドを操作できるだけでなく，つかんだという感覚も感じ取れる。

図3.18　脳神経活動で機械を直接操作するブレイン-マシンインターフェース

ンを解析し，その動作に特有なパターンを見つけ出す．すると，そのヒトがロボットハンドの操作を頭の中で考えただけで，その動作に特有なニューロン活動のパターンが発生するので，それを電気信号に変換してロボットハンドの操作信号とすれば，機器を自在に操作できるようになる．さらに，ロボットハンドの触角センサから得られた電気信号を大脳へフィードバックすれば，つかんだという感覚も感じ取れるようになる．

米国では，2005年にブレイン-マシンインターフェースのヒトへの応用が開始され，サイバーキネティックス社（Cyberkinetics Neurotechnology Systems, Inc.）では，**脊髄損傷患者**を対象に，考えるだけでコンピュータのカーソルを操作する研究を行い，科学雑誌ネイチャーで紹介された．

現代は，ほとんどの機械やシステムが，コンピュータで動いている．もしブレイン-マシンインターフェースが実現されれば，身体の障害により手足や口がうまく動かなくなったヒトも，コンピュータを介してほとんどの社会システムとの関係を回復できるかもしれないと考えられている．

3.4 聴覚を補償する機器

1.1節で述べたように，低下もしくは喪失した身体機能を補うために開発された商品が，福祉機器と医療機器のいずれに含まれるのかは，法制度上の取扱いによるところが大きい．また，4.5.2項で述べるように，福祉機器を規定する **ISO 規格**と **ICF 分類**は，一部の医療機器も含んでいる．分類することに意味があるのではなく，ユーザの視点に立って機器（商品）を取り扱うことに意味があるからである．ここでは，代表的な福祉機器であり，かつ医療機器としての性格も備えている聴覚障害に用いられる二つの機器を例に取り，聴覚を補償する機器について述べる．

3.4.1 音と聴覚

音波（sound wave）は縦波であり，バネの伸び縮みと同じように，進行方

3.4 聴覚を補償する機器   75

向と媒質の粒子の振動方向が一致している。音を表す物理量としては，つぎのように定められている。

(a) **音の強さ** I [W/m^2] = [J/(s・m^2)]　音の方向に垂直な単位面積を毎秒通過するエネルギー。

(b) **音の強さのレベル** L_P [dB（デシベル）]　ヒトが聞き取れる限界の小さい音を基準の音の強さ I_0 とし，それに対するその音の強さ I の比の常用対数の10倍で表す。

$$L_P = 10 \log_{10}\left(\frac{I}{I_0}\right) \text{ [dB]} \tag{3.1}$$

ここに，$I_0 = 10^{-12}$ [W/m^2]（空気中）。

例えば，$I = 1$ [W/m^2] のとき，$L_P = 120$ [dB] となり，これはヒトが音として聞き取れる上限の音の強さのレベルである。

(c) **音の大きさのレベル**（ラウドネスレベル）L_N [phon（ホン）]　ヒトの耳の聞こえ方を表す物理量である。ヒトの聴覚は，周波数特性を有しており，同じ音の強さでも，周波数によって聞こえ方が異なる。しかも，自然界の音は，複数の周波数の音が重畳していることが多い。よって，1 000 Hz の**純音**（pure tone）を基準として，それと同じ大きさに聞こえると判断した音圧レベルで表す。例えば，60 [dB] の純音と同じ大きさに聞こえる音は，60 [phon] となる。

18～25歳の正常な聴力を持つヒトにおける，自由音場での 20～15 000 [Hz] の純音の大きさの基準等感曲線（等ラウドネス曲線）と基準最小可聴域は，ISO R 226 (1961) "Normal equal-loudness contours for pure tones and normal threshold of hearing under free-field listening conditions" で規格化されている。

ヒトが音を聞く仕組みは，**図 3.19** に示すように外耳，中耳から構成される伝音系と，内耳（**蝸牛**, cochlea），聴神経，聴覚中枢から構成される感音系で構成されている。伝音系では，音が振動として伝わり，感音系では音が蝸牛で電気信号に変換され神経興奮として伝わる。

```
外耳 → 中耳(耳小骨など) → 内耳(蝸牛) → 聴神経 ─神経→ 聴覚中枢
    伝音系                   感音系
  音が振動として伝わる      音が神経興奮として伝わる

障害 ─→ 物理的                電気的
         ↓                     ↓
    音を増幅する…補聴器    音を電気信号に変える…人工内耳
                           や聴性脳幹インプラント
```

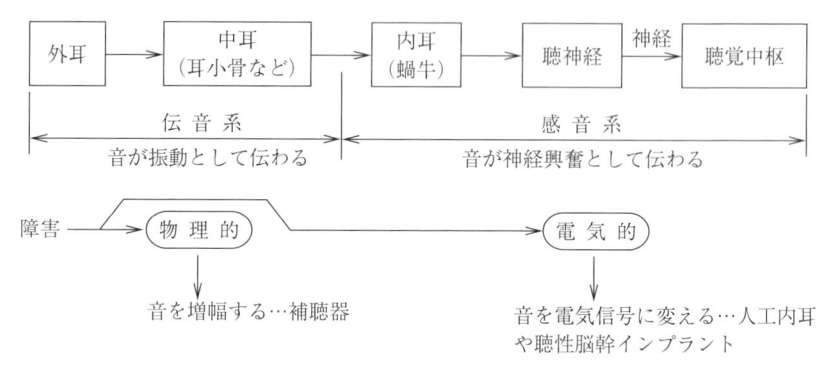

図3.19 音を聞く(聴覚の)仕組み,および障害と補償する機器

蝸牛管にはリンパ液が充満し,約3万個の有毛細胞が並んでいる。気体(空気)と液体(リンパ液)の境界面において,密度の違いから,そのままでは空気中を伝播してきた音のエネルギーの0.1%ほどしかリンパ液に伝わらない。そこで,中耳の耳小骨で機械インピーダンス変換し,より多くの音響エネルギーが伝播する仕組みとなっている。有毛細胞は,音波により生じたリンパ液の流れを変位として感知し,電気信号に変換する。

3.4.2 聴覚障害とは

聴覚障害は,医学的には**難聴**(deafness)といい,重度の難聴を**聾**という。難聴の程度は,**図3.20**に示すように聞き取れる音の強さのレベル(聴力レベル,dB)で分類されている。日本では,**身体障害者福祉法**で定められており,**WHO**の基準とも類似している。これらは,障害の程度を表すものであって,その原因を示すものではない。

もし,図3.19の伝音系に障害が生じた場合(**伝音難聴**),音を増幅するのが効果的であり,**補聴器**(deaf-aid)などが用いられる。感音系の特に内耳に障害がある場合(**感音難聴**),音を電気信号に変換する**人工内耳**(cochlear implant)が有効である。聴神経が欠損していたり損傷がある場合には(**神経性難聴**),聴神経よりもさらに中枢にある脳幹を直接電気刺激し,聴覚を取り戻すという**聴性脳幹インプラント**(auditory brainstem implant)がある。人

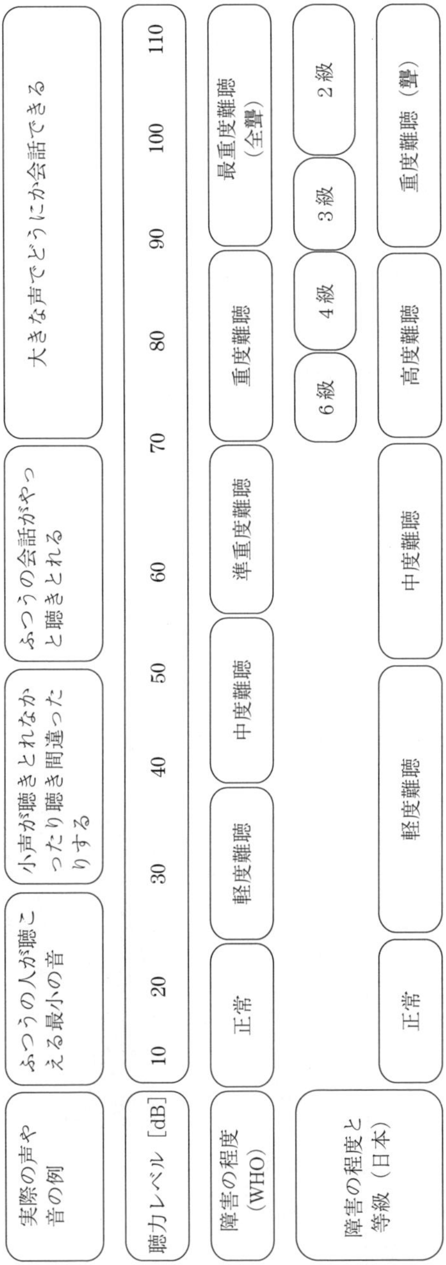

3.4 聴覚を補償する機器

実際の声や音の例	ふつうの人が聴こえる最小の音	小声が聴きとれなかったり聴き間違ったりする	ふつうの会話がやっと聴きとれる	大きな声でどうにか会話できる			
聴力レベル [dB]	10　20	30　40	50　60	70　80	90	100	110
障害の程度 (WHO)	正常	軽度難聴	中度難聴	準重度難聴	重度難聴		最重度難聴 (全聾)
障害の程度と等級 (日本)	正常	軽度難聴		中度難聴	高度難聴		重度難聴 (聾)
					6級	4級　3級	2級

図 3.20 難聴とは (聴覚障害の区分)

工内耳や聴性脳幹インプラントは，人工臓器の一種に位置付けられる(1.5節)。

3.4.3 補　聴　器

補聴器は，音信号を電気的に変換・増幅し，聴覚障害，特に伝音難聴を補う目的で用いられる福祉機器である。補聴器には，**空気伝導式補聴器**と**骨伝導式補聴器**があるが，一般に補聴器といえば空気伝導式を指す。補聴器を装着方法で分類すると，**耳穴形補聴器**，**耳かけ形補聴器**，**ポケット形補聴器**がある。耳穴形は本体（増幅回路）を耳栓のように外耳道内に差し込んで装着し，耳かけ形は本体を耳介の後ろに掛けて装着し，ポケット型は本体をポケットに入れて用いる。

増幅・信号処理の方法で分類すると，**アナログ補聴器**と**デジタル補聴器**がある。歴史的には，初めアナログ補聴器が発明された。その後，アナログ量である音信号をいったんデジタル量に変換するデジタル補聴器が現れ，音信号を周波数帯で分割することが可能となった。デジタル補聴器では，個人の障害の程度（等感曲線の変化）に合った増幅が可能となるなどの長所があり，現在の主流となっている。

図 3.21 は，耳穴形デジタル補聴器（リオン（株））の外観を示す。小型化が

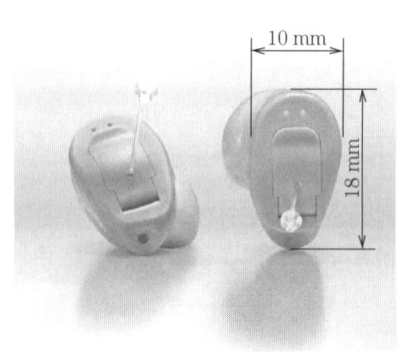

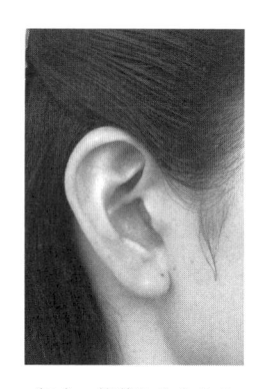

　　　　　（a）デジタル補聴器の外観　　　　（b）装着したところ

図 3.21　耳穴形デジタル補聴器（リオン（株），オーダーメード・デジタル補聴器，HI-G 5 F，質量 5 g 以下，なお寸法，部品配置は個人の耳の形状で異なる）

3.4 聴覚を補償する機器　　79

進み，装着したことが外部からはほとんどわからない。信号処理によって，つぎの機能を備えている。

1）　自動音量調整：音の特徴を統計的に分析してその場の環境に応じた最適の設定を選択。

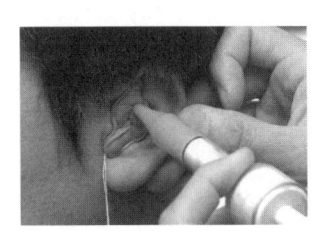

（a）　ユーザの耳型の採取

（b）　三次元データの生成

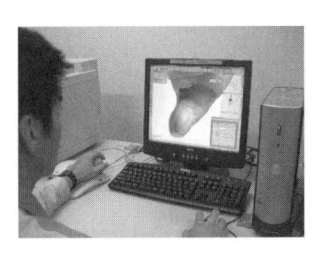

（c）　最適化設計

（d）　シェルの光造形

（e）　シェルの完成

（f）　オーダーメード補聴器の完成

図 3.22　オーダーメード補聴器の製作工程（リオン（株），リオネット夢耳工房）

2） 周波数帯分割：個人ユーザの聴力データをもとに，周波数帯ごとに増幅度を調節．

3） ハウリング（ピーピー音）抑制：補聴器を耳に出し入れするときのハウリング，食事中や電話に突然起こるハウリングを抑制．

4） 騒音抑制：言葉と雑音を区別して周囲の雑音を効果的に低減．

耳穴形補聴器には，既製品（レディーメード）と注文品（オーダーメード）がある．図 3.22 には，オーダーメード補聴器の製作工程を示す．販売店で採取した個人ユーザの耳型の三次元形状を，レーザ変位計で電子データに変換し，補聴器本体を挿入する筐体（シェル）を設計・製作するものである．

3.4.4 人工内耳

人工内耳は，重度難聴で，聴覚障害，特に感音難聴を補う目的で用いられる福祉機器である．図 3.23 には，人工内耳（輸入元：メドエルジャパン（株），総販売元：日本光電工業（株））のインプラント（12 g）とスピーチプロセッサ（11 g）の外観を示す．人工内耳は，音を電気刺激パルスに変換し，聴神経を刺激することにより，大脳の聴覚中枢が音として解釈できるようにするもの

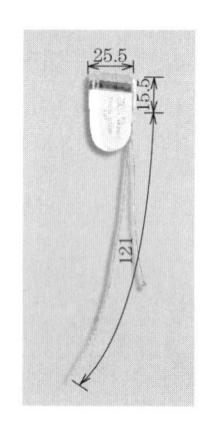

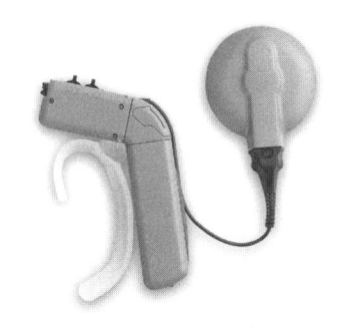

（a） インプラント（12 g）
（単位：mm）

（b） スピーチプロセッサ（67 × 8.3 × 13.5 mm^3，11 g）

図 3.23　人工内耳のインプラントとスピーチプロセッサ（輸入元：メドエルジャパン（株），総販売元：日本光電工業（株））

である．インプラントは，電波の受信コイル，12対の電極を有する刺激電極から構成されており，手術によって体内に埋め込まれる装置である．スピーチプロセッサは，マイクロホン，音声分析装置，電波の送信コイルから構成されており，耳かけ形補聴器と同じように，耳介の後ろに掛けて装着する装置である．

図3.24には，人工内耳の働きを示す．①音信号がスピーチプロセッサのマイクロホンで感知され，電気的に変換される．②電気信号は，音声分析装置で刺激パルスに変換され，③送信コイルから無線信号として送信し，④非接触でインプラントの受信コイルへ送られる．⑤蝸牛に埋め込まれた刺激電極が，聴覚神経を刺激すると，聴神経から大脳に送られる．蝸牛は入り口のほうでは高周波，奥のほうでは低周波数を感知するというように部位による周波数特性を持つので，刺激電極は複数個設置される．どの電極をどの程度刺激するかは，音声分析装置でプログラムしておく．

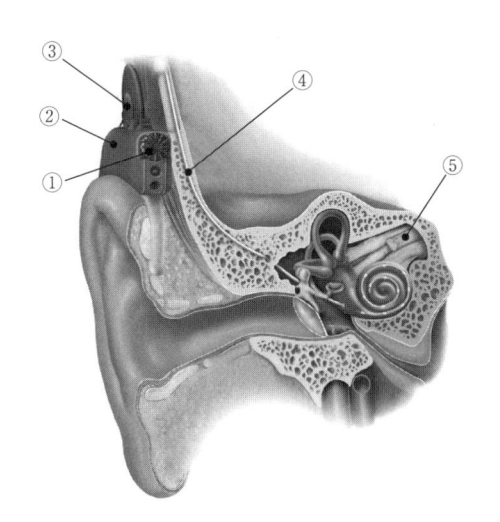

図 3.24 人工内耳の働き（輸入元：メドエルジャパン（株），総販売元：日本光電工業（株））

なお，人工内耳の刺激電極が蝸牛に埋め込まれるのに対し，聴性脳幹インプラントの刺激電極はさらに中枢にある脳幹の蝸牛神経核の表面に置かれる．

3.5 建築・住宅環境

いま時代が求めている本当の"やさしさ"とはなんだろうか。障害がある人もない人も，高齢者も子供もすべての人にとって「やさしい社会」とはどういうことを意味するのだろうか。この節では，ハード面とソフト面の両面にわたって考えていきたい。

ソフト面からのアプローチであれば，「優しい」視点であり，ハード面からのアプローチであれば，「易しい」視点ということになろう。

図 3.25 には，本書で述べるやさしさの構造を示した。すなわち，やさしさには，心理的側面からの「優しさ」と物理的側面からの「易しさ」があるということである。

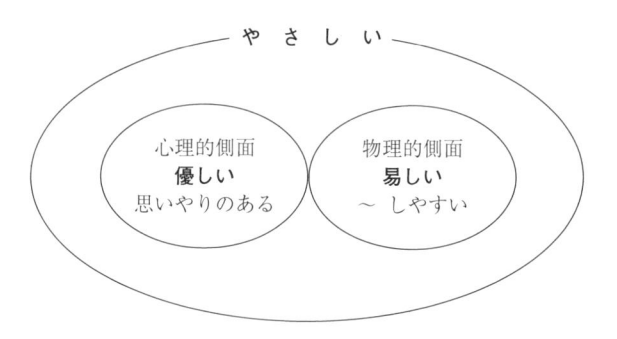

図 3.25 やさしさの構造

また，これをもとにノーマライゼーション，バリアフリーデザイン，ユニバーサルデザインの位置関係をやさしい視点でとらえてみた場合，図 3.26 のように位置付けられるのではないだろうか。

すなわち，ノーマライゼーションの理念を具体的に実践していくための考え方に，バリアフリーデザインやユニバーサルデザインがあると考えられる。具体的にいえば，優しさと易しさが少しずつ歩み寄ろうとする考え方がバリアフリーデザインということになるだろう。

3.5 建築・住宅環境　　83

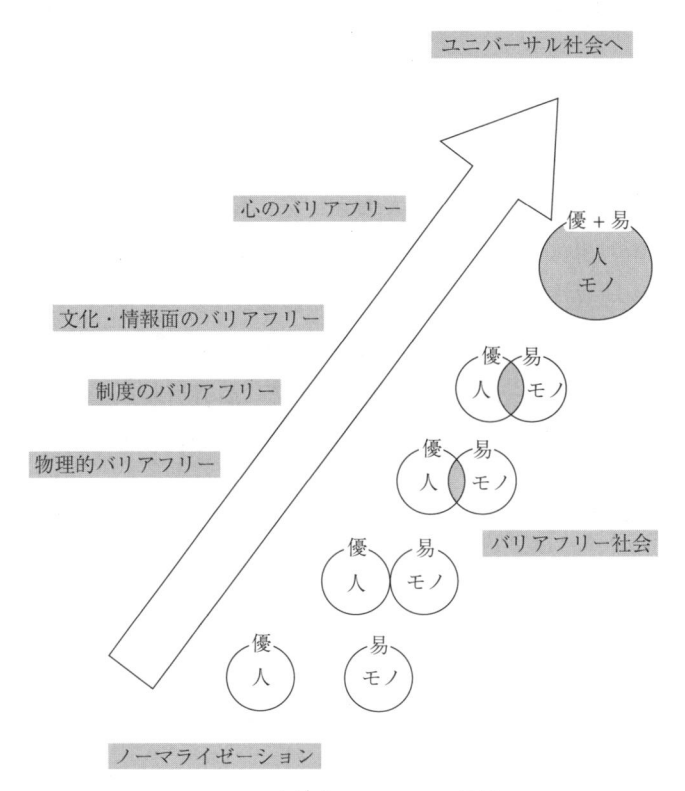

図 3.26　各概念とやさしさの位置

　また，優しさと易しさを完全に包含させた考え方が，ユニバーサルデザインではないだろうか。
　このような視点に立って，さまざまなやさしさどうしの歩み寄りが，建築，住環境を中心に行われてきている。

3.5.1　ノーマライゼーションの概念

　たとえ疾患や障害があろうとも，住み慣れた自宅や地域で安心した生活を送りたいと思うことはごく自然であり，当たり前のことである。しかし，このような考え方が定着したのは，比較的最近のことである。なぜならこれまで福祉といえば，「収容保護」という考え方が長く続いていたからである。

このような考え方を大きく変えたのが，現在すべての国の障害者福祉の基本理念にもなっている，**ノーマライゼーション**（normalization）という考え方である。

「ノーマライゼーション」という言葉は，1953年に**デンマークのN．バンク-ミッケルセン**（N. Bank-Mikkelsen）が，第二次世界大戦後，知的障害者が施設において非人間的な扱いをされていることを受け，社会大臣宛ての要請書のタイトルに使用したことが，この語の起源となっている。

また，**ノーマライゼーションの父**ともいわれているN．バンク-ミッケルセンは，「ノーマライゼーションとは実践である。障害がある人に接するのに，特別な理論など必要ない。障害のない人に接するのと同じように接すればよいのである。障害がある人は，他の人々と変わりなく，同じような家に住み，同じように学校に通い，同じように職業に就き，同じように余暇を楽しむ生活をするのが当然なのである」と述べている。

すなわち，障害のある人を，健常者と同じ機能を持つまでに回復させることがノーマルにすることではなく，障害がある状態でも健常者となんら遜色なく，日常生活が送れるような生活環境や条件を整備することが，社会的にノーマルにするということである，としている。

知的障害のある親の会から始まった運動は，「障害のある人を特別扱いするのではなく，すべての人間がともに普通の生活を送るのが当り前である」として，ノーマライゼーションという理念を確立したのである。

また，**スウェーデンのB．ニルジェ**（B. Nirje）は，普通の生活を測る物差しとして，「八つの原理」をまとめた。すなわち，普通の生活の第1は1日の普通の生活リズムである。朝起きて，その日の気分に合わせた服に着替え，外出し，という当たり前の生活である。第2は1週間の生活リズムであり，第3は1年の生活リズム，第4は一生の普通の経験，第5は男女両性の世界での生活である。第6は社会で当たり前の収入を得ること，第7は普通の住環境の水準で暮らすこと，そして第8は自己決定権が保障されること，である。

このことをB．ニルジェが英語の論文にまとめたことから，ノーマライゼー

3.5 建築・住宅環境

ションという言葉が各国に広まった。そして、1981年の**国際障害者年**「**完全参加と平等**」の基本理念として、世界中に紹介された。以降、世界の国々で、収容保護から人権尊重へ、施設から地域や自宅へ、**ADL**（**日常生活動作，activities of daily living**）[†2] から **QOL**（**生活の質，quality of life**）へと福祉政策の考え方が大きく変化していくことになった。

> [用語解説]
> †2　ADLとは歩行をはじめとする身辺動作、すなわち摂食、整容（歯磨き、洗面、整髪等）、用便、更衣（衣類の着脱、装具の着脱）、入浴等の動作をいう。広義に解する場合には、社会生活行為として家事（料理、掃除、洗濯等）や外出（屋外歩行、公共交通機関の利用等）を含めて考える。

　わが国においても、1993年、「心身障害者対策基本法」が**障害者基本法**に改正された際に、基本理念としてノーマライゼーションの考え方が導入された。第3条2項に「すべて障害者は、社会を構成する一員として社会、経済、文化その他あらゆる分野の活動に参加する機会を与えられるものとする」と、うたわれている。

　1995年には、障害者対応の具体的数値目標を掲げた「**障害者プラン〜ノーマライゼーション7か年戦略〜**」を策定した。

　このプランでは七つの視点から施策の重点的な推進を図っている。すなわち

1）　地域でともに生活する
2）　社会的自立を促進する
3）　バリアフリー化を促進する
4）　生活の質（QOL）の向上を目指す
5）　安全な暮らしを確保する
6）　心のバリアを取り除く
7）　わが国にふさわしい国際協力・国際交流

という視点である。

　これにより、障害のある人の地域での暮らしが確保され、自由な社会参加を

可能にするバリアフリーの促進が図られるようになった。現在では，障害者福祉だけでなく，児童福祉や老人福祉等，日本の社会福祉全体の基本理念として発展している。

3.5.2 バリアフリーデザイン

バリアフリーという言葉の語源であるが，元来は建築用語で，建築物における動線の障害物除去等の意味で使われていた。1961年には，米国の全米建築基準協会は，世界で最も早く，「身体障害者にアクセスしやすく，使用しやすい建築・施設設備に関するアメリカ基準仕様書」を作成した。また国連は，1974年，バリアフリーデザインに関する報告書をまとめ，2001年には，**国際標準化機構（ISO）**が，障害者のニーズを一般規格の標準化系列に組み込むことを意図したガイドライン（ISO/IEC Guide 71：2001）を出したこと等により，バリアフリーデザインに関する基準化が発展したといわれている。

わが国では，1995年に策定された障害者プランの中で，バリアフリー化の促進が明確にうたわれている。公共建築物や道路，住宅などにおける段差の解消や，車いすの通行可能な幅員の確保，手すりや**視覚障害者用の誘導用ブロック**の整備等である。

視覚障害者誘導用ブロックには，「線状ブロック」，「点状ブロック」，「ホーム縁端警告ブロック」がある。線状ブロックは，歩く方向を示すものであり，駅構内等誘導を目的とした所に設置されるブロックである。点状ブロックは，このラインを超えると危険である等の注意を示すもので，階段の上り口や下り口，線状ブロックの分岐，屈曲や停止位置等に設置されるブロックである。そして，ホーム縁端警告ブロックは，ホーム縁端の警告を示すもので，点状ブロックと1本の線状突起で構成され，線状突起のあるほうがホームの内側になるように設置されるブロックである。

なお，障害者プランとは別に，1994年，**ハートビル法**（3.2.2項，4.2節）が制定され，病院，デパート，ホテル等，不特定多数の人が利用する公共的性格を有する特定建築物に対し，高齢者や身体障害者が円滑に利用できるように

3.5 建築・住宅環境

するための措置が講ぜられるよう法文化された。

障害者白書(平成7年版)では,障害者を取り巻く障壁として,四つの障壁を挙げている。図3.27 にも示したとおり

1) **物理的バリアフリー**
2) **制度面のバリアフリー**
3) **文化・情報面のバリアフリー**
4) **心のバリアフリー**

であり,これらをなくすことが,「バリアフリー社会」となることを強調している。

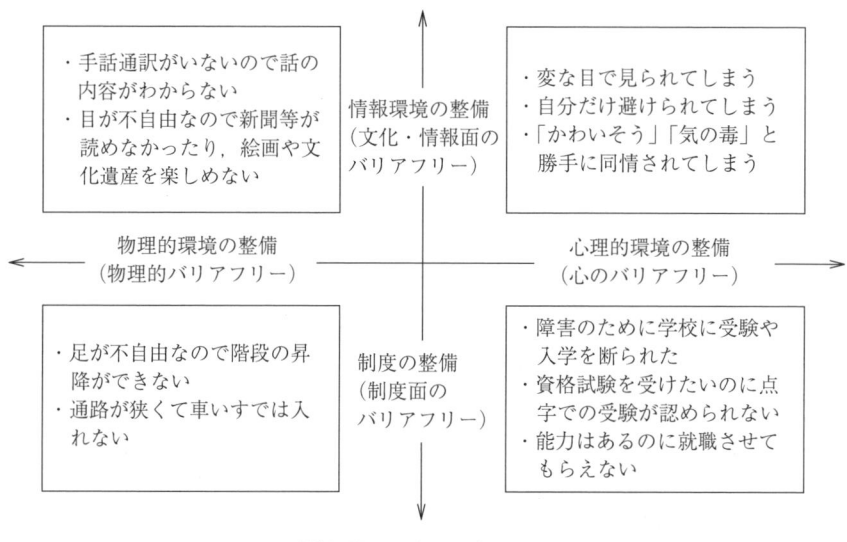

```
・手話通訳がいないので話の          情報環境の整備        ・変な目で見られてしまう
 内容がわからない              (文化・情報面の        ・自分だけ避けられてしまう
・目が不自由なので新聞等が         バリアフリー)        ・「かわいそう」「気の毒」と
 読めなかったり,絵画や文                              勝手に同情されてしまう
 化遺産を楽しめない

       物理的環境の整備                              心理的環境の整備
       (物理的バリアフリー)                          (心のバリアフリー)

・足が不自由なので階段の昇         制度の整備          ・障害のために学校に受験や
 降ができない                  (制度面の            入学を断られた
・通路が狭くて車いすでは入         バリアフリー)        ・資格試験を受けたいのに点
 れない                                            字での受験が認められない
                                                  ・能力はあるのに就職させて
                                                   もらえない
```

図3.27 バリアフリーとは

ここで,制度面でのバリアフリー化について国は,2000年に「**高齢者,身体障害者等の公共交通機関を利用した移動の円滑化の促進に関する法律**(通称:**交通バリアフリー法**)」を制定している。

交通バリアフリー法第4条では,鉄道駅等の旅客施設の新設,大改良および車両等の新規導入に際しての移動円滑化基準への適合義務を規定している。既設の旅客施設・車両等についても,移動円滑化基準に適合させるよう努めなけ

ればならない，こととなっている。移動円滑化とは，「公共交通機関を利用する高齢者，身体障害者等の移動に係る身体の負担を軽減することにより，その移動の利便性および安全性を向上することをいう」と第2条で定義されている。国土交通省は，主要な鉄道駅等周辺におけるおもな道路のバリアフリー化率について，平成16年では31%であったものを，平成22年には，100%にするという目標を掲げている。

2005年，内閣府が行った「障害者施策総合調査」の中でも，障害者がバリアを感じる場所で一番多かったのは，「歩道」という報告もある。設備や条件のために利用できなかった人と，利用したが困ったことのあった人を合わせると56%にも達している。これに続く，駅・鉄道，スーパー，コンビニエンスストア，デパート，レストラン，食堂，病院，診療所もそれぞれ40%台となっている。

このように，障害者にとっては，まだまだ交通機関，公共施設などバリアを解消できていないと感じる場所は多いということがわかる。

交通バリアフリー法は，2006年6月にハートビル法と1本化し，「**高齢者，障害者等の移動等の円滑化の促進に関する法律**（通称：**バリアフリー新法**）」（4.2節）となった。対象も，身体障害者と限定せず，「障害者等」と制度の上でもさらにバリアフリー化が進むことになった。これを機に，サービスのバリアフリー化がいっそう進むことを期待したい。

ここで，バリアフリーデザインとは，障害者配慮，障害者対応から始まった，既存の障壁を取り除こうとするオーダーメードによるやさしいデザイン（手法）のことである。と同時に，だれもが使用できる環境づくりを考えることでもある。障害者だけでなく，高齢者，子供，妊産婦等に配慮しただれにも使いやすい，やさしい環境デザインを考えていくことだといえる。

4章の冒頭でも述べているが，障害がある人のために特別に開発されたモノや特別に整備された環境は，だれにとっても便利なのである。例えば，現在，ごく当たり前に一般家庭で設置しているファクシミリは，1990年以前までは，聴覚に障害がある人の特別な通信手段であった。また，温水の出る水洗便座

は，もともと手や体が不自由な人のために日常生活器具として開発されたモノである。

このような機器や器具は，現在では，病気の人や一般の人にも快適なものとして広まっている。まさに，バリアフリーデザインが目指している，だれもが使用できる環境づくりの結果と言える。

また国は，2013年に「障害を理由とする差別の解消の推進に関する法律（障害者差別解消法）」を整備（施行は2016年4月）した。「不当な差別的取扱い」の禁止は勿論のこと，行政機関等には「合理的配慮」の提供を義務づけた（民間事業者は努力義務）ところでもある。

障害があるということは，確かにそこに生活のしづらさ（障壁）が存在する。しかし，そのしづらさを除去しようとしたり，配慮しようとするデザインであれば，それは，やさしい社会，便利な社会になる。バリアフリーデザインとは，じつは，自然で当たり前のやさしいアプローチのことなのである。

3.5.3 住　環　境

身近な生活の中でバリアフリーデザインをわかりやすく取り入れられている現場としてまず思いつくのは，住宅であろう。わが国では，住宅は国民生活の重要な基盤であり，障害のある人を含むすべての人々が，生涯を通じて安定とゆとりのある住生活を実現できるよう，住宅・住環境の整備を行うことが重要な課題であるとしている。

ここで，日本の住環境の特性を説明しながら，バリアとなっている点を明らかにしていくこととする。まず第1に，日本の住宅は，木造構造を基本としているため，その構造の仕組みから，床面に段差ができやすいということである。それが不便，不自由さをつくり出し，事故の原因になったりと，高齢者や障害者の生活動作に大きく影響を与えている。例えば，玄関の敷居や上がりかまち，廊下から各部屋への入り口，トイレや風呂場への入り口等，多くの場所に段差が存在している。

第2に，住宅構造からの制約によって，大きな空間が取りにくい上に，生活

用品や家具類が多様化し，床面積を多く占めるようになってきたこと等から，高齢者や障害者の室内移動を困難にしているということである。例えば，畳の上で布団を敷いて生活していた高齢者が，介護ベッドをレンタルしたとたんに手狭になり，かえって不自由な空間をつくってしまう。車いすを室内で使用する場合も同じである。

　第3は，畳などの床面に座っての生活動作は，高齢者等にとって，適しているとはいい難いということである。例えば，畳の上での就寝・起床時の立ち座りや和式トイレでの立ち座り等，足腰の弱い高齢者には不向きであると指摘されている。

　第4は，日本の住宅は夏に合わせて造られてきたことから，冬の寒さには向いていないということである。例えば，寝室や居間を暖房はしていても，脱衣室や浴室，トイレまでは暖房していることは少ない。したがって，温度変化の激しい住空間は，高齢者や障害者には不適切な環境となってしまう。

　このような特性を持つ住環境をどのように整備し，対応していけばよいのだろうか。一般的な住宅改修の例を示しながら，その着眼点を解説する。

　図3.28に示すように，まず第1に，できる限りゆったりとした空間をつくり，家族全員が快適に過ごせるようにする，という視点である。

　第2は，住宅の中からできる限り，危なさをなくすという視点である。すなわち，段差をなくし，縦手すりや横手すりを取り付ける等である。図では，玄関入り口，玄関内，トイレ，壁等に手すりが設けてある。また床は段差を解消している。

　第3は，いろいろな"つらさ"をなくすという視点である。各部屋の温度差をなくすために，床暖房を入れたり，昇降できる便座や洗面台を設置したり，照明やコンセントの位置を変える等である。図では，昇降できる洗面台やエレベータが設置されている。

　第4は，できない部分をなくし，できる部分を促す視点である。すなわち，移動，排泄，入浴，食事，外出，就寝などの**日常生活動作**が自立して行える領域を広げるということである。

3.5 建築・住宅環境　91

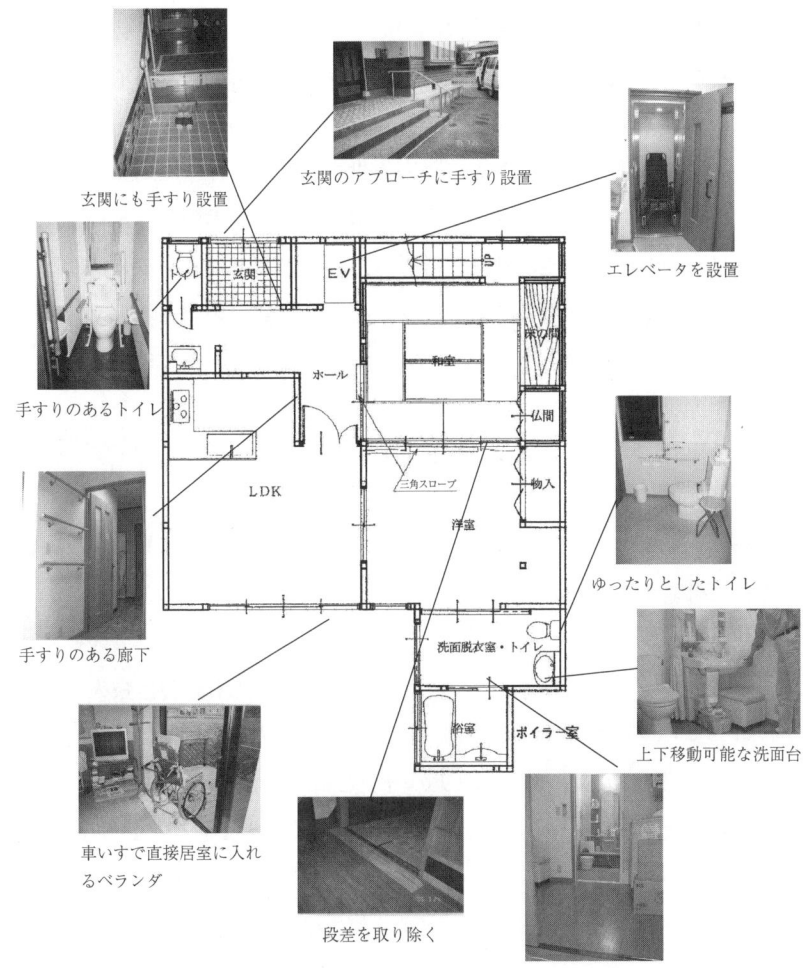

図3.28 の各写真ラベル：
- 玄関にも手すり設置
- 玄関のアプローチに手すり設置
- エレベータを設置
- 手すりのあるトイレ
- 手すりのある廊下
- ゆったりとしたトイレ
- 上下移動可能な洗面台
- 車いすで直接居室に入れるベランダ
- 段差を取り除く
- 車いすでも誘導できる浴室

間取り図ラベル：トイレ、玄関、EV、納戸、和室、ホール、仏間、物入、LDK、三角スロープ、洋室、洗面脱衣室・トイレ、浴室、ボイラー室

図 3.28　住宅改修のいろいろ（写真提供：(有) ネイペル，NPO 法人難病ネットワーク富山）

　一般住宅においては，このような視点に基づいて，改修が行われることになる．

　つぎに，公営住宅について，障害者に対する配慮がなされているため紹介しておく．

新設のすべての公営住宅は，平成3年度より，設計・設備の面で障害のある人等に配慮し，加齢等による身体機能の低下等に対応した住宅を標準仕様として順次供給している。既設の公営住宅の改善を行う場合にも，可能な限り障害のある人たち等に配慮した住宅改善を行うことにしている。

入居者の募集・選考においても，障害者世帯は，特に住宅困窮度が高いものとして，事業主体の裁量により，一定の上限の下，入居者の収入基準を緩和するとともに，当選率の優遇，別枠選考等の措置を講じている。なお，2006年2月から，公営住宅法施行令の改正により，身体に障害のある人に加え，精神障害のある人，知的障害のある人についても単身入居を可能としている。

3.6 障害者スポーツ

ここでは，障害者のレクリエーションに焦点を当て，障害者スポーツを紹介し，それに付随する機器・器具について解説する。

まずは，車いすでのバスケットボールである。車いすスポーツの競技は，テニス，卓球，アーチェリー等，たくさんあるが，なかでも一番競技人口が多いのが，車いすバスケットボールである。このスポーツは，**脊髄損傷（spinal cord injury）**[†3]患者のリハビリ訓練の一つとして，1940年代にイギリスで始まったといわれている。日本では，昭和40年に入って初めて，車いすバスケットボールのチームができた。車輪がハの字型をした特徴のある車いすを使用し，一般のバスケットコート，ゴール，皮ボールを使用し，5人の2チームで行う。

[用語解説]
†3 脊髄損傷とは，戦傷・労働災害・交通事故などに際し，脊椎の骨折や脱臼に伴って起こることが多く，知覚性または運動性麻痺として現れる。特に，頸椎が損傷されると，四肢麻痺に加えて呼吸筋麻痺が起こり，死の転帰をとることもある。治療としては，残存機能を十分に活用することができるよう，早期からリハビリテーションを行う。

3.6 障害者スポーツ

図 3.29 は，車いすバスケットボールの中でも，ツインバスケットボールといわれるものである。これは，日本で生まれたもので，車いすバスケットボールよりも，さらに重度の車いす使用者（**頸椎損傷者等の四肢麻痺者**）を対象にしたスポーツである。

図 3.29 一般のゴールと小型のゴールの二つを使用する車いすツインバスケットボール（写真提供：富山 Super Guts）

図 3.30 子供や高齢者も一緒になって楽しめる電動車いすサッカー（写真提供：高志ミラクルパワーズ）

ツインとは，より障害が重い人でも，シュートができるように，一般のゴールのほかに，フリースローサークルの中央にも，背の低い小型のゴールを設置していることから，2種類のゴールがあるという意味で名付けられている。上肢の麻痺の度合いによって運動能力が異なるため，上・下の二つのゴールとゴム製のバスケットボールを使用する。低いゴールが設けられていることから，小学生でもプレーしやすく，だれでも楽しめることから，最近では地域において教室も開かれている。

また，同じ車いすでも，図 3.30 のように電動車いすを使ったサッカーもある。電動車いすの先端にタイヤを半分に切った物を装着し，専用のサッカーボール（円周 1.4 m，重さ 1.5 kg）を蹴るというものである。車いすバスケットボールと同じ大きさのコートを使用し，4人以下の2チームで行う。重度の身体障害者でも残存機能，すなわち手，足，口，あご等を使うことによってプレーが可能となる。バスケット同様，電動車いすの操作ができる人であれ

ば，図のように子供や高齢者等だれでも参加できるスポーツである。

つぎに，ボッチャ（Boccia）を紹介する。**脳性麻痺（cerebral palsy, CP）**[†4] 障害者を対象にしたターゲット型のボールゲームである。ヨーロッパで生まれ，イタリアやスイス等のレストラン，ホテルで行われていたとされている。欧米では，重度障害者のスポーツとして，盛んに行われている。

> ［用語解説］
> †4　脳性麻痺で先天性のものは，妊娠中の母体の疾患や分娩障害によるほか，原因不明のことが多い。後天性のものは，脳炎などが原因となる。出生児の500人に1人の割合で発生し，症状としては，運動障害の発現部によって，単麻痺，対麻痺，片麻痺，四肢麻痺等に分けられるが，概して，運動機能の発達が不完全で，歩行などの発育も遅れるのが特徴である。

図3.31(a)，(b)に示すように，中に砂が入っている皮製のボール（赤，青6個ずつ）を，ジャックと呼ばれる白いボール（目的球）にいかに相手よりも近付けるかを競うスポーツで，カーリングやペタンクに似ている。脳性麻痺

　　（a）ボッチャの用具類（赤，青，
　　　　白のボール）
　　（b）2003 Boccia World Cup
　　　　（New Zealand）（写真提供：
　　　　大島友里子氏）

図3.31　「ボッチャ（Boccia）」の紹介

等の運動障害のために，ボールを持てない人，投球ができない人には，補助者1人がつき，投球補助具（ランプス）を使用してプレーすることもできる。

ボールの投げ方に決まりはなく，自分で考えて，自分のやりたい所へボールを落とす，あるいは足で蹴って転がすだけでよい。したがって，平らな所でさえあれば，いつでも，どこでも，だれとでも手軽に楽しむことができるスポーツである。

最後に，「障害者フライングディスク」を紹介する。フリスビーのほうがよく耳にするかもしれないが，正式には，フライングディスクと呼ばれ，米国から始まったものである。

男女別，立位，座位の4区分に分けてプレーすることができ，日本では多くの知的障害者等に親しまれている。図3.32のように，プラスチック製のディスク（直径23.5 cm）を用いて，5 m（もしくは7 m）離れた円形のゴール（直径91.5 cm）に，10回中何回くぐらせることができるか，またはどれだけディスクを遠くに飛ばすことができるかを競う。ディスク1枚あれば，いつでも，どこでも，だれとでも，安心して，かつ安全に楽しめるスポーツである。

このように，障害者レクリエーションのうち，スポーツの分野をいくつか紹

図3.32 「フライングディスク」用具一式（円盤，円形ゴール，旗）

介してきたが，どれもやさしい視点が数多く取り入れられていることがわかる。

演 習 問 題

1. 車いすのキャンバー角はなんのために設けるか，その機構も含めて説明せよ。
2. コミュニケーション障害について，200字以内で説明せよ。
3. 足が不自由な人のバリアフリー化のために効果的な，住居内の生活空間の設計方法について説明せよ。また，どのような副次的な問題が生じるかも説明せよ。
4. 福祉の基本理念にもなっているノーマライゼーションについてわかりやすく説明せよ。
5. 以下の語句を，古い順に正しく並べ替えよ。
   国際障害者年　　交通バリアフリー法　　ハートビル法　　障害者基本法
   障害者プラン　　バリアフリー新法

Chapter 4

第4章 暮らしとユニバーサルデザイン

　これまで，おもに高齢者や障害者にとって使いやすいように設計されたさまざまな機器や住宅設備などを紹介してきた。これらは，生活の中でバリア（障壁）の存在に気付き，バリアを取り除く必要があると知って初めて設計されてきた商品である。1章では，福祉領域だけに共通した技術は存在しないと述べたが，もし福祉工学の骨格をなす設計概念があるとすれば，その一つがユニバーサルデザインであろう。先進諸国が人口減少社会に突入したいま，ユニバーサルデザインを理解することは，私たち自身の将来のためでもある。なぜなら，この設計手法は，高いQOLを維持した超高齢社会の実現を可能とする方策の一つとなり得るからである。

4.1　衣食住をデザインする

　生活するということは，日常の暮らしの中の要素をきめ細やかに，やさしく組み合わせていくことだと思われる。では，「暮らしの中の要素」とはなんであろう。だれもがまず思いつくものとして，「衣・食・住」が挙げられるのではないだろうか。確かに，生活していくためには，衣服，食べ物，住む所は最低限必要であろう。
　しかし，これだけがそろっていれば，年齢，性別，障害，文化を超えて，心豊かに，生き生きと生活できるといえるだろうか。例えば，富山弁を代表する言葉に「キトキト（きときと）」がある。魚介類をはじめとして，活きの良さ

や新鮮さ，元気なさまをも表現する形容詞であるが，きときとな生活をデザインするとはどういうことを意味するのか，考えてみたい。ここでは，福祉的な視点に立って，生活するということを診ていくことにする。

まず，「い（衣）」である。図 4.1 に示すように，生活を診ていく上で，「居」は大切な要素である。居場所が必要な人は必ずいるのではないだろうか。単なる住まいとしての「居」でない。それは日中の行き場であり，生活を支援してくれるような場のことである。

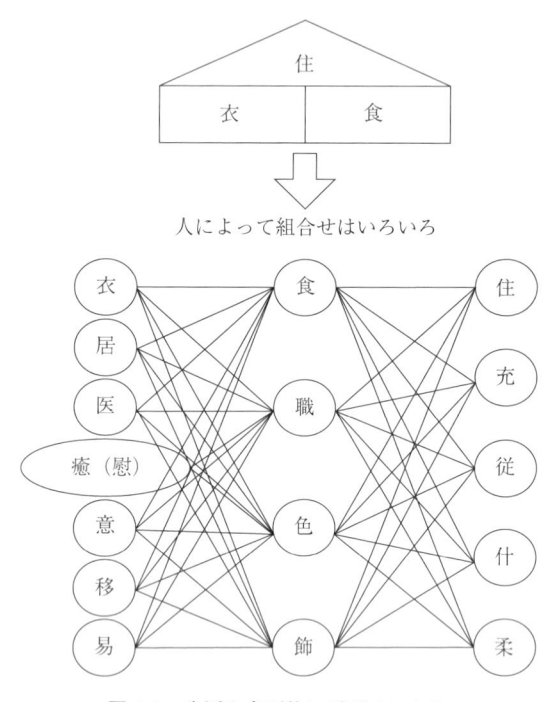

```
        住
   ┌────┬────┐
   │ 衣 │ 食 │
   └────┴────┘
        ⬇
  人によって組合せはいろいろ
```

衣　　食　　住
居　　　　　充
医　　職　　従
癒（慰）
意　　色　　什
移
易　　飾　　柔

図 4.1　生活を多面的にデザインする

精神障害者とかかわる家族に関する調査において，家以外の日中の居場所を障害者本人が持っているということは，家族（以下，ケア提供者という）にとって，ストレスによる身体的症状をこれ以上悪化させない一つの有効な手段であるという示唆がある。そして，図 4.2 に示すように，ケア提供者の**ストレ**

4.1 衣食住をデザインする　99

《ストレッサー》
・本人の年齢
・本人の性別
・本人の発病年齢
・本人の入院期間
・本人の所在（入院/在宅）

《ストレス認知》
客観的負担
・病気への不安
・日常生活への束縛性
・社会生活への束縛性

主観的負担
・精神的不満感
・喪失感
・重圧感
・焦燥感
・意欲

《対処》ストレス対処行動特性
①問題解決型　②情動中心型

《ストレス反応》
・身体的症状
・不安と不眠
・社会的活動障害

ソーシャルサポート
情緒的サポート・手段的サポート
情報的サポート・評価的サポート

提供者/同居の家族，同居しない家族，知人・友人，近所の人，地域保健福祉の専門家，病院などの医療従事者，家族会

《基本属性》
・ケア提供者の続柄
・ケア提供者の年齢
・ケア提供者の性別
・ケア提供者の配偶者の有無
・本人との交流時間
・ケア提供者の拠り所の有無

本人の行き場
地域生活支援の場

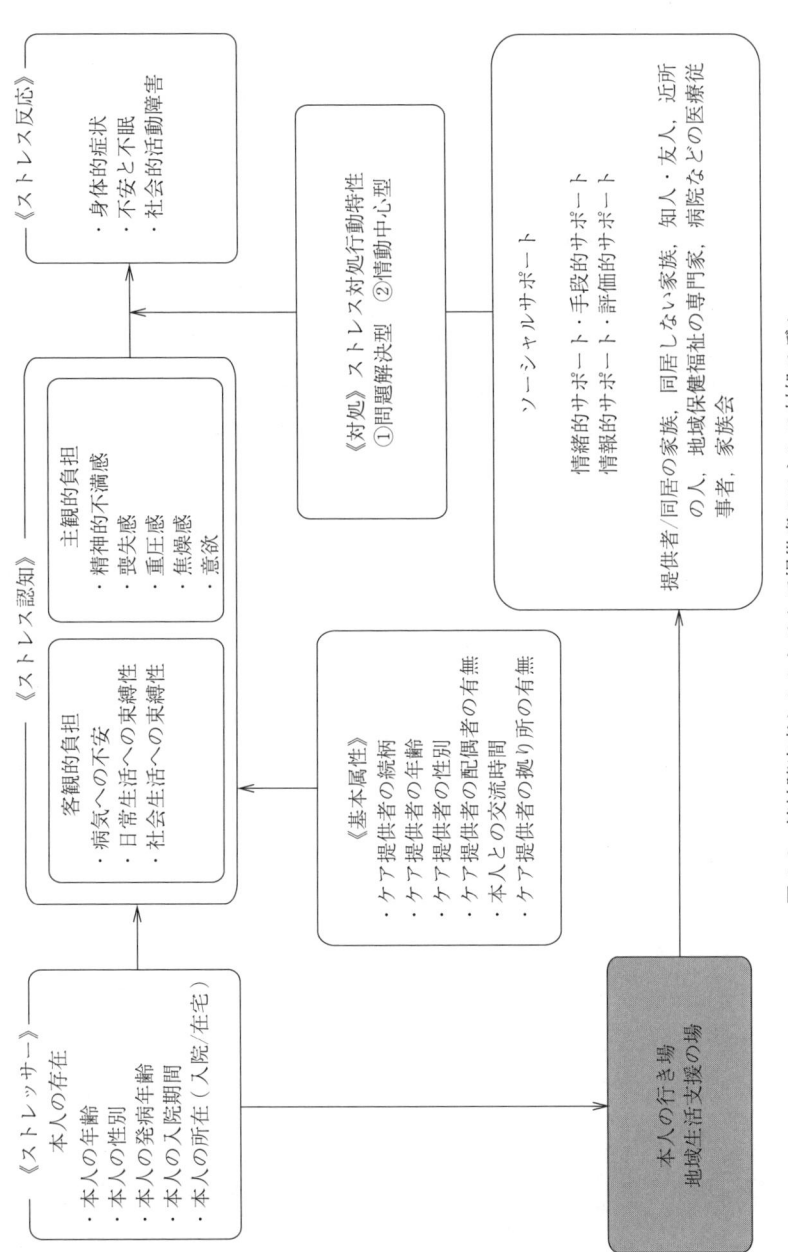

図 4.2・精神障害者とかかわるケア提供者のストレス対処モデル

ス対処（stress coping）モデル上に，障害者本人の行き場（地域生活支援の場）が，新たなストレスの対処要因の一つとして今後位置付けられるという報告もある。このように，精神障害者とかかわるケア提供者にとっては，障害者本人が居場所を持つということがいかに重要であるかがわかる。

つぎは，「医」である。「医」療が必要な人は必ずいる。先述の精神障害者を例にするならば，**精神疾患（mental disease）**と**生活のしづらさ**が共存していることから，日常生活を送るためには，継続的な医療が必要となる。したがって，このような場合，生活の中で「医」は大切な要素となる。また，情緒的な**ソーシャルサポート（social support）**が必要な人にとっては，「癒（慰）」してくれる人がそばにいるのかどうかを診ることも必要な要素であろう。身体に障害がある人ならば，「移」動する手段はつねに考慮に入れなければならないだろう。ここで心掛けておかなければならないことは，本人の「意」思が十分尊重されているかどうかである。ともすると，関係者をはじめとする周囲の勝手な判断で，支援がなされている場合があるからである。

これらすべてをふまえて，生活の中で「い」を診るということは，さまざまな要素を組み合わせることで，生活のしづらさを解きほぐし，その人の生活を容「易」なものにしていくという総合的な視点を持つことだろうと思われる。

つづいては，「しょく（食）」である。図 4.1 に示すように，働くという「職」場のことであり，それはだれにとっても生活の大切な要素である。食べていくためには，お金を稼ぐという当たり前のことが，障害者等には大きな課題である。

また，顔「色」が悪く，気分はブルーで，心の中がいつも曇り空では，きときとな生活は送れない。バラ色の人生を送るようにしていくためには，なにが不足し，なにが必要なのかを色めがねを掛けることなく，冷静に人間全体を診る視点が必要である。

さらに，生活を装「飾」する遊び心を取り入れる視点を持つことは，まさに生活をデザインする上で大切な要素である。寝たきりの高齢者が外出するに当たり，化粧をしたり，一張羅の服を着て生活にはりを持たせる等，生活の中に

華やかさを創り出すことは，生活そのものをエンパワーメントすることにつながる．

このように，一言で「しょく」といっても，大切な要素は数多くある．またこれらを先述の「い」とどのように組み合わせるか，相乗効果を生み出すにはどうすればよいかを考える総合的な視点が，生活を診ていく上では求められる．

最後に，「じゅう（住）」である．これまでの説明からもわかるように，きときとな生活を送るためには，「柔」軟な発想を持つことが必要である．また，さまざまな生活場面の中で，だれが支え，だれがかかわっているのかは，きわめて重要な問題である．障害がある人，寝たきりの高齢者等，対象や状態・状況によって，支える「従」事者は異なってくる．キーパーソンはだれなのかを診ることは大切である．

人だけでなく，スプーンや皿等，食べやすい「什」器を改良，改善，開発したりするモノづくりも時には必要であることを忘れてはならない．「じゅう」を総合的にとらえていく上で，大切なことは，各人の生活が本当に「充」実したものとなっているかどうかを診ることである．

このように，きときとな生活を送るための視点とは，その人に合った，その人らしい，そしてその人が望む，「い」・「しょく」・「じゅう」の各要素を組み合わせることであると考えられる．これはまさに，**ケアマネジメント（care management）**という言葉に置き換えることができる．各人が必要とする生活の各要素を抽出し，それらの要素が相乗効果を生み出すように，マネジメントしていくことだからである．

ケアマネジメントとは，障害者や高齢者が地域で希望した生活を維持・継続していく上で阻害するさまざまな生活課題（ニーズ）に対し，生活の目標や，課題解決を達成する道筋と方向を明らかにしながら，地域にある資源の活用，改善・開発を通して，総合的かつ効率的に課題解決を図っていくプロセスのことである．例えば，自立した生活を求めている障害者の必要な生活課題とは，日中どこかくつろげる居場所であったり，職場であったり，それを支えてくれ

る従事者であろう。

　介護を必要とする一人暮しの高齢者の場合であれば，話し相手となって，癒してくれる人であったり，バランスのとれた食事が準備されることであったり，それを支える従事者がいてくれることであったり，充実した介護サービスが提供されることであろう。

　また，その人にとって生活のしづらさの側面だけでなく，プラスの側面にも着目し，すなわち**ストレングス**（strength）視点を持って，その人が本来持っている強さや得意とする側面（趣味等）を引き出すことも，生活をデザインする上で，大切な視点である。

　以上のことから，生活を診るとは，その人が希望する組合せを一緒になって考え，組み立てる作業であり，そしてそれは，その人らしい生活空間をデザインし，確保していくことであると考えられないだろうか。

4.2　ハードからハートへ

　4.1節では，生活をデザインするとは，さまざまな要素を組み合わせるという視点を持つことであり，それらを組み合わせることが，新たな生活空間づくりにもつながると述べてきた。

　ここでは，日ごろの暮らしの中で，確実にハード（建物）から，ハート（やさしいもの）を感じられるようになってきている建物の箇所に着目し，例を挙げながら考えることにする。

　先述の図3.28にも示したように，例えば，出入り口がある。玄関までのアプローチは，段差をなくしているか，スロープが設けてある。階段があれば，手すりをつけて，緩やかにしてある。**視覚障害者**については，視覚障害者誘導用ブロック（3.5.2項）等で安全が確保されるようになっている。

　つぎに，エレベータであるが，車いすの人や目の不自由な人も安心して利用できるよう広くなっており，音声案内や低い位置の操作ボタン等が設置されている。

そして，トイレであるが，図 4.3 のように，車いす用ではなく，赤ちゃんのおむつ交換にも利用できる等，多目的・多機能型トイレの設置も多く見られるようになってきている。

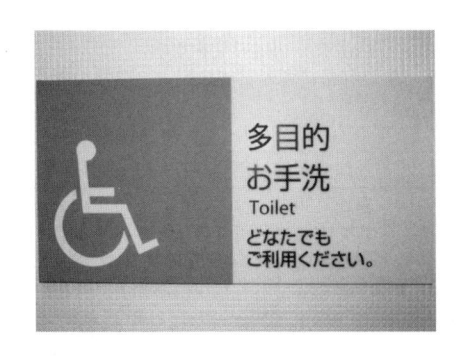

図 4.3 車いすだけでなく多目的に利用できるよう表示されたトイレの看板

そのほか，建物には直接関係しないが，敷地内の駐車場がある。車いすを使用する人でも楽に利用できるよう入り口近くに，広い場所が確保されている（3.2.2 項）。

このようにいくつか例を挙げてみたが，単なる建物ではなく，そこには工夫が凝らされ，少しでも温かく客を迎え入れたいという配慮がなされている。まさに人にやさしい建物へと確実に変化してきていることがうかがわれる。

不特定多数が利用する公共的施設のバリアフリー化については，1970 年代半ばから，都道府県や地方自治体レベルにおいて，指針や要綱に基づく整備が先行している。1990 年代には，その指導の徹底化を図るために条例化の動きが進行した。

建築基準法の第 40 条には，地方公共団体の条例によって，地域の実情に見合った制限を付加できるとあり，1990 年に神奈川県が全国で初めて，そこにバリアフリーデザインに関する内容を盛り込んだ。

このような状況の中，1994 年には「ハード」と「ハート」を一本化した法律が制定された。「**高齢者，身体障害者等が円滑に利用できる特定建築物の建築の促進に関する法律**」，通称「**ハートビル法**」と呼ばれている法律である。**心のバリアフリー化**（3.4.2 項）を建築物からも促進しようとしたものである。

表 4.1　ハートビル法第 3 条（現バリアフリー新法）に基づく特定建築主の判断基準の概要

- 基準の基本的な考え方
  - 基礎的基準……高齢者，身体障害者による建築物の利用を不可能としている障害を除去する基準
    （現 利用円滑化基準）　（1 以上の出入り口について，車いすで通過可能な出入り口幅の確保等）
  - 誘導的基準……高齢者，身体障害者が特段の不自由なく利用できる基準
    （現 利用円滑化誘導基準）　（各出入り口について，車いすで容易に通過可能な出入り口幅の確保等）
- 基準の概要

	基礎的基準（現 利用円滑化基準）	誘導的基準（現 利用円滑化誘導基準）
出入り口	●建築物の一つの出入り口を車いすが通行できるものとする 　・幅を 80 cm 以上 　・出入り口から受付等までの間には原則として誘導用ブロック等を設ける ●各室への 1 以上の出入り口は車いす使用者が通過できる構造とし，幅を 80 cm 以上とする	●建築物のすべての出入り口を車いすで円滑に利用できるものとすることとし 　・主要な出入り口は自動ドアとし，幅を 120 cm 以上とするとともに，他の出入り口についても幅 90 cm 以上とする 　・出入り口から受付等までの間には原則として誘導用ブロック等を設ける ●建築内部の出入り口は車いす使用者が通過できる構造とし，幅を 90 cm 以上とする
廊下等	●車いす使用者が通行できるよう，幅は 120 cm 以上とし，通路の一定区間ごとに車いす使用者が転回可能なスペースを設ける ●高低差を設ける場合には段差解消機またはスロープを設ける	●車いす使用者どうしがすれ違い自由に方向転換できるよう幅は 180 cm 以上とする。ただし，一定区間ごとに車いす使用者どうしがすれ違えるスペースを設けた場合は 140 cm 以上でよい ●高低差を設ける場合には段差解消機またはスロープを設ける
階段	●手すりを設ける ●階段の上に警告ブロックを敷設する	●両側に手すりを設ける ●幅 150 cm 以上，けあげを 16 cm 以下，踏面を 30 cm 以上とする ●階段の上に警告ブロックを敷設する
スロープ	●手すりを設ける ●幅を 120 cm 以上，勾配を 12 分の 1 以下とする ●高さが 75 cm を超える場合には，75 cm 以内ごとに踏幅が 150 cm 以上の踊り場を設ける ●スロープの上に警告ブロックを敷設する	●両側に手すりを設ける ●幅を 150 cm 以上，勾配を 12 分の 1 以下とする ●高さが 75 cm を超える場合には，75 cm 以内ごとに踏幅が 150 cm 以上の踊り場を設ける ●スロープの上に警告ブロックを敷設する

表 4.1 （つづき）

	基礎的基準（現 利用円滑化基準）	誘導的基準（現 利用円滑化誘導基準）
昇降機	●床面積の合計が 2 000 m² 以上で 2 階建て以上のものには原則として以下の仕様のエレベータを設ける ・出入り口の幅を 80 cm 以上，かごの床面積 1.83 m² 以上，奥行き 135 cm 以上，乗降ロビーの幅および奥行 150 cm 角以上とし，車いす使用者，視聴覚障害者の利用に配慮した仕様とする	●2 階建て以上のものには，エレベータを設ける ・おもなエレベータは出入り口の幅を 90 cm 以上，かごの床面積を 2.09 m² 以上，奥行き 135 cm 以上，乗降ロビーの幅および奥行 180 cm 角以上とし，車いす使用者，視聴覚障害者の利用に配慮した仕様とする ・他のエレベータについても出入り口の幅を 80 cm 以上，かごの床面積 1.83 m² 以上，奥行き 135 cm 以上，乗降ロビー 150 cm 角以上とする
便所	●便所を設ける場合には，車いす使用者用便房（車いす使用者にとって十分な床面積があり，腰掛便座，手すり等が適切に配置されている便房）を当該建物に 1 以上設ける ●床置式小便器を当該建物に 1 以上設ける	●便所を設ける場合にあってはつぎのとおりとする ・車いす使用者用便房を各階ごとに原則として当該階の便房数の 2 ％以上設ける ・車いす使用者用便房がない便所には腰掛便座および手すりのある便房を 1 以上設ける ●各階の便所には，床置式小便器を 1 以上設ける
駐車場	●駐車場を設ける場合には，車いす使用者の駐車スペース（幅 350 cm 以上）を 1 以上設ける ・当該スペースは駐車場の出入り口の近い位置に設ける	●駐車場には車いす使用者用駐車スペース（幅 350 cm 以上）を原則として収容台数の 2 ％以上設ける ・当該スペースは駐車場の出入り口の近い位置に設ける
敷地内の通路	●建物の一つの出入り口に通じる通路を車いすで利用できるものとするとともに，視覚障害者の誘導に配慮する ・幅を 120 cm 以上とし，高低差がある場合にはスロープ等を設ける ・視覚障害者用に誘導用ブロックを設ける	●建物の各出入り口に通じる通路を車いすで利用できるものとするとともに，視覚障害者の誘導に配慮することとし ・幅を 180 cm 以上とし，高低差がある場合にはスロープ等を設ける ・視覚障害者用に誘導用ブロックを設ける

すなわち，不特定多数が利用する建築物（特定建築物：学校，病院，劇場，百貨店，ホテル，集会場，郵便局，公衆便所，体育館等）を障害のある人等が，利用しやすくするために，特定建築物を造ろうとする建築主（特定建築

主）に対して，高齢者，障害者などの円滑な利用のための対策をする努力義務を課している。そして，その判断基準として，基礎的基準と誘導的基準の一部を，**表 4.1** に示した。

都道府県知事は，特定建築主に対して，基礎的基準を勘案して必要な指導等を行うとともに，誘導的基準に適合している場合，補助，税制上の特例，低利融資等の助成措置を講じる等，ハートフルなビルディングの促進を図っているところである。

富山県においても 1996 年に「富山県民福祉条例」が公布され，ハートビル法に上乗せする基準が設けられている。適合している場合には**図 4.4** に示した適合証を交付し，いっそうの福祉のまちづくりへの指導の徹底を図っている。このような動きは物理的バリアフリー化（3.5.2 項）や心のバリアフリー化はもちろんであるが，サービスのバリアフリー化にもつながると考えられる。

図 4.4　自治体独自の条例に基づいて発行された適合証（富山県）

なお，ハートビル法は，2006 年 6 月，「高齢者，身体障害者等の公共交通機関を利用した移動の円滑化の促進に関する法律」，通称「交通バリアフリー法」と一本化し，「高齢者，障害者等の移動等の円滑化の促進に関する法律（通称：**バリアフリー新法**）」となった。これまでは，身体障害者をおもな対象として規定していたが，新法の対象は，名称からも「障害者等」とされたように，身体障害者と限定していない。

また，新法のポイントは，二つの法律を一本化させたことによって，移動と施設利用の両面から整備を進める点にある。

4.2 ハードからハートへ　　107

　これまで駅を重点に置いたバリアフリー化が想定されてきたが，新法では，重点整備地区のとらえ方を広げ，駅を含まなくても，病院や福祉施設，駐車場が集中するエリア等を整備地区に指定できるようになる。このような基本構想をつくるのは，市町村の役割だが，新法では計画段階から，障害者等が参加するしくみも法定化されている。

　このように，法律の中においても，点や線的整備からまさに面的整備へと，**制度面のバリアフリー化**（3.5.2項）が進められている。建物単体としてのバリアフリー化だけではなく，そこへ行くまでの公共交通機関，そしてその周辺の環境，景観までをも含め，まちづくりの一環として，一体的に進めていこうとする動きがうかがえる。

　このような動きをいち早くとらえた自治体として，富山市の取組みがある。すなわち，図4.5(a)ならびに図(b)に示した富山ライトレールを中心とする，富山駅北周辺の再開発，ならびに富山湾へとつなぐ新たな観光スポットの整備を含めた一体型の取組みである。

（a）　全国初の次世代型路面電車として開通し，まちづくりと合わせて一体的に進められている

（b）　乗降だけでなく車内の段差もなく設計されている

図4.5　富山ライトレール「ポートラム」（写真提供：富山ライトレール（株））

　2006年4月，公設民営で，全国初の次世代型路面電車「ポートラム」が誕生した。「快適性・地域性」，「情報発信」，「先進性」をテーマとして掲げ，マイレール意識を持って，住民自身がまちづくりに参画していくという思いを寄せた路面電車である。現在，この電車を中心とする，一体的なまちづくりが進

められ，全国から注目を集めているところである。

このように，電車に乗るためのやさしさづくりの設計はもちろんであるが，やさしいまちづくりをどう進めていくかについても，これからの暮らしには欠かせない視点である。

4.3 やさしいまちづくりへの取組み

福祉の分野においては，**ノーマライゼーション**（3.5.1項）という大きな理念がある。現在では，障害者福祉にとどまらず，老人福祉や児童福祉といったあらゆる分野に共通する理念として理解されるまでになっている。

この理念を具体化し，実践していく中で，バリアフリーデザインやユニバーサルデザインという手法（考え方）が生まれてきたことは，3.5.1項ならびに3.5.2項で述べたとおりである。

そこで，上述の三つの用語に共通したものを見いだすならば，それは「暮らしの中に，やさしい（優しい・易しい）視点を取り入れ，モノづくりだけでなく，社会までも創ろうとすることであり，そしてそれは当たり前だと思う考え方そのもののこと」だろう。

本章で紹介する二つの事例は，どちらもこのやさしい視点に立って，**地域援助技術**を用い，先駆的・先進的にまち（地域）づくりに取り組んでいるものである。

ここで地域援助技術とは，**社会福祉士法及び介護福祉士法**（1987年）が制定されたときから使用されている用語で，英語では，**コミュニティーワーク**（community work）がほぼ相当する概念としてとらえられている。**個別援助技術**（case work）や**集団援助技術**（group work）が，**社会福祉士**や**介護福祉士**，**精神保健福祉士**等と利用者との一対一の援助関係を基本とするのに対して，地域援助技術は，地域社会における複数の利用者に共通するニーズを取り上げたり，地域社会における福祉事業の運営課題を取り上げるところに特徴がある。

したがって，地域援助技術は，地域福祉を充実させることを目的としており，その主たる働き（機能）には，以下の三つが挙げられている。
1) 住民参加による福祉活動への支援
2) 地域福祉サービスの開発
3) 社会福祉事業あるいは関連事業分野への連絡・調整

そして，そこで用いる主たる方法・技術には
1) 人口動態統計や疾病統計，集団検診の受診率，住宅，農業，商業，工業，歴史，文化，自然環境等に見る地域社会の診断
2) 町内会，婦人会，老人会，ボランティアサークル等の集団および組織の継続性，参加率等の診断
3) ニーズ把握と分析
4) 福祉施設や在宅福祉サービス等の情報の収集・広報・動機付け
5) **社会福祉協議会**等地域の民間活動の計画（地域福祉活動計画）の策定援助
6) 資金，施設，設備，ボランティア，法律等の**社会資源**（social resources）の開発・活用
7) 集団および組織・機関の連絡・調整
8) 住民との話合いを円滑にするためのコミュニケーション

があるとされている。

4.3.1 富山県（八尾町）における取組み

本項では，地域社会の診断と，社会資源の開発，を得意として障害者福祉の分野で取り組んでいる**社会福祉法人**と，ニーズ把握と分析，社会資源の開発に優れ，在宅福祉の分野で全国に先駆けて取り組んでいる**NPO法人**（Non-Profit Organization，特定非営利活動法人）を紹介する。

最初に取り上げる社会福祉法人フォーレスト八尾会（以下，当会という）は，先述のように，地域社会の診断を得意とし，なかでも地域の歴史や文化に重点を置いて診断，活動を展開している。なぜなら，そこには住民の歴史や文

化への伝承意識と生活との結び付きの強さのバロメータに代表される**図 4.6** の「おわら風の盆」という郷土芸能（祭り）の存在があるからである。

図 4.6　おわら風の盆（9/1～9/3）
（写真提供：富山県富山市八尾町越中八尾観光協会）

当会は，**図 4.7（a）**に示すように，**社会福祉法**（2000 年）の改正によって新たに創設された**小規模通所授産施設**（**障害者自立支援法**により，2007 年 4 月に**就労継続支援事業所（B 型）**へ移行）の開設を皮切りに，障害者が自活できるように必要な訓練および指導を行い，社会復帰と自立の促進を図ってきている。また，全国で最も多い社会資源といわれながら，法的根拠がなく，作業指導や生活訓練を行い自立生活の助長を図っている図（b）の**無認可の小規模作業所**（障害者自立支援法により，2007 年 4 月に就労継続支援事業所（B 型）へ移行）も運営してきた。現在は，障害者自立支援法の下で"富山型八尾風"就労支援の確立に向け，取り組んでいる。図（c）は，当会の組織全体を表したものである。そこで，**表 4.2** の行動理念にも示すように，当会は大きく二つの特徴を持っている。一つ目の当会の特徴は，2006 年 4 月より施行した障害者自立支援法に先駆け，1997 年の設立当初から**身体障害者，知的障害者，精神障害者**と障害の種別や程度に関係なく受け入れ，3 障害協働による，**ノーマライゼーション**の具現化を図っているという点である。

ここで，表 2.2 にも示しているが，あらためて障害者の法的定義を確認しておく。まず障害者とは，**障害者基本法**（1993 年）第 2 条の中で，「身体障害，知的障害又は精神障害（発達障害含む。）その他の心身の機能がある者であつて，障害及び社会的障壁により継続的に日常生活又は社会生活に相当な制限を受ける状態にあるものをいう」と定義されている。

4.3 やさしいまちづくりへの取組み

(a) 二つの小規模通所授産施設を統合して就労継続支援事業所（B型）に移行した「おわらの里」全景

(b) 町の中心部にある工房 風のたより

社会福祉法人 フォーレスト八尾会

フォーレストとは「森」のこと。地域を森にたとえ，自然な形でみんなが共生し，深く根差していきたいという一人ひとりの願いそして誓いからの命名。

- 身体障害者小規模通所授産施設
  おわらの里ふれあいホーム
- 精神障害者小規模通所授産施設
  おわらの里すみれ工房
- 小規模作業所
  工房 風のたより
- 社会適応訓練事業所
  喫茶 風来人（ふらっと）
- 共同生活援助
  グループホーム 風来里（ふらり）

2007年4月より移行
就労継続支援事業所（B型）
（主）おわらの里
（従）工房 風のたより
（従）八尾桑の葉工房

(c) 当会の組織全体図

図4.7　当会が運営する各福祉施設と組織図

　身体障害者とは，**身体障害者福祉法**（1949年）第4条によれば，「身体上の障害がある18歳以上の者であって，都道府県知事から**身体障害者手帳**の交付を受けた者をいう」となっている。また知的障害者は，**知的障害者福祉法**（1960年）では特に定義されていないが，2000年の知的障害児（者）基礎調査の中で，「知的機能の障害が発達期（概ね18歳まで）に現れ，日常生活に支障が生じているため，何らかの特別の援助を必要とする状態にある者」と定義さ

表 4.2　社会福祉法人フォーレスト八尾会の行動理念

1）　障がい者（注）の種別や程度は問わず，利用を望む方であれば，誰でも受け入れ，働く場，社会参加の場，自己実現の場としてサポートしていくこと
2）　人ひとりの能力を限りなく活かせ，自己効力感を高めていける作業種目を地域と連携し開拓していくこと
3）　市民かつ町民でもあり，また一人の生活者でもあることから，参画意識をもって，まちづくりの視点から，富山・八尾という風土や文化，芸能等郷土色あふれるモノづくりを行い，地域の活性化に貢献していけるようになること
4）　福祉的就労の範囲に甘んじることなく，一人でも多くの人が一般就労というあたりまえの希望を持ち続けることができるようになること
5）　喫茶店・野菜の販売所といった気軽に立ち寄ってもらえる環境ないし空間を自然な形で展開しながら，積極的に地域の中で整備していくこと
6）　以上のような活動を通じて，より地域の方に福祉とは何かといった興味・関心，そして何よりも理解を深めてもらえるよう，自然に交流できる風土を醸成していくこと

（注）　障害者の「害」の文字は，殺害，危害，災害のようにマイナスイメージが強く，不快感を与えるとしてひらがな表記にしている。

れている。

そして精神障害者は，**精神保健及び精神障害者福祉に関する法律**（通称：**精神保健福祉法**）（1995 年）第 5 条の中で，「統合失調症，精神作用物質による急性中毒又はその依存症，知的障害，精神病質その他の精神疾患を有する者をいう」と定義されている。

二つ目の当会の特徴は，八尾という風土や「おわら風の盆」という文化を基盤に，両者を生かしたコミュニティーワークを展開している点である。

以上の特徴を踏まえ，当会がどのように地域特性を生かしながら**心のバリアフリー化**（3.5.2 項）やユニバーサル社会の形成を試みてきたのか，そのやさしい視点を紹介する。

当会が所在する八尾町（現在は富山市八尾町）は，図 4.8 に示すとおり，県の南部に位置し，人口は約 2 万 3 000 人の町である。そこへ毎年 9 月 1 日から 3 日間，おわら風の盆を一目見ようと，観光客が全国から約 25 万人訪れている。

「おわら」は，300 年以上の歴史を持ち，町建に関する重要秘文書の返済を得た喜びの祝いとして，町内を練り回ったのが始まりとされている。そして「風の盆」は，かつて養蚕が盛んであった時代，蚕が繭になる時期とお盆が重

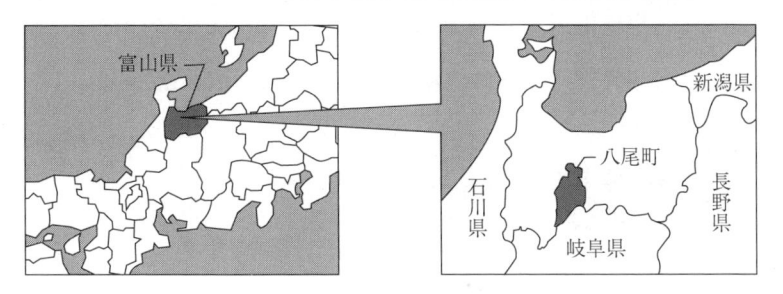

図 4.8 富山県富山市八尾町の所在

なり繁忙期を迎えるため，お墓参りを9月にずらしたことから，その名が付けられている．現在では，豊作と風水害からの無事を祈るという意味も含めて，「風の盆」と使われるようになった．

叙情豊かで気品高く，哀調漂う詩的な唄「越中おわら節」と，優美な踊りが特徴である．そして，哀愁を帯びた胡弓と三味線の音色に非日常的，幻想的な世界に浸れる「静」なる祭りである．

また，踊り子には未婚であることや年齢といった暗黙の決まり事が設けられているが，これは若者らの出会いの場を設けることによって，都市部流出を防ぎ，後継者育成を図るという，先人たちの考えたやさしい文化継承システムなのかもしれない．

さらに，八尾は県内でも有数の「和紙」を地場産業として栄えてきた町であり，現在も紙すきを生業(なりわい)としているところがある．

このように八尾には，ゆっくりと住民の暮らしと同居し，育まれてきた風土，歴史や文化，そして強いコミュニティー意識がある．

したがって，これらを重視せずに八尾流の福祉活動は展開できないと診断し，判断した点に，当会のやさしい視点がある．

それは，「障害者（以下，利用者という）である前に，地域住民の一人として診ているか」であり，「福祉に従事する専門職である前に，一人の住民として，どれだけ八尾の歴史や文化を理解し，感謝し，愛しているか」であろう．まさに生活者としての目線や意識が問われることになる．

利用者，職員ともに住民どうしゆえに協働で取り組むことや，住民ゆえにお

わら風の盆や八尾和紙に親しんで，図4.9のような観光土産品づくりを行うことは，なにも特別なことではないのである。自然な取組みである。

図4.9　おわら和紙くるみ絵作品

3障害で取り組むということで，身体面・知的面・精神面のそれぞれ特有の生活のしづらさを共有することができ，おたがい補完し合うことにつながり，**自己効力感（self efficacy）**も高められ，そこに相互作用も生まれる。

このようにやさしい視点とは，「当たり前ということに意識を近付け，相乗効果を生み出していく発想」ともとれないだろうか。

ここで，図4.10に示した問題を見ていただきたい。9つの点の中だけでは，問題は解決しないことがわかる。しかし，既存の点の枠を飛び出し，新たに別の点と結ぶことで，問題はよりやさしく解決する。例えば，9つの点をある特定の障害者だとすると，他の障害者と手をつなぐことによって，また，9つの

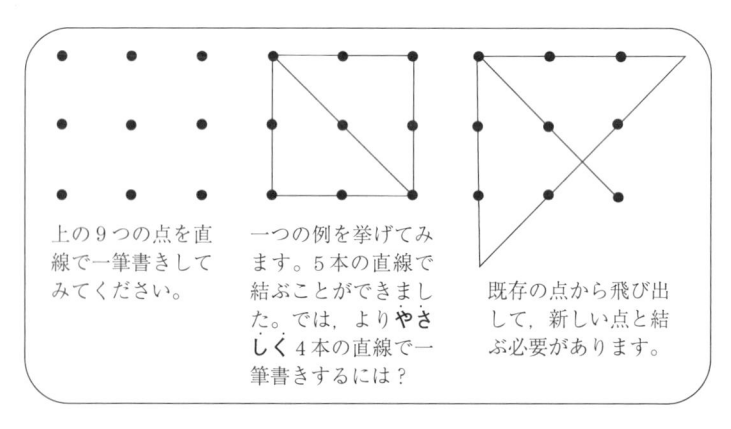

上の9つの点を直線で一筆書きしてみてください。

一つの例を挙げてみます。5本の直線で結ぶことができました。では，より**やさしく**4本の直線で一筆書きするには？

既存の点から飛び出して，新しい点と結ぶ必要があります。

図4.10　発想を広げるやさしい見方と考え方

点を福祉の関係者だけだととらえると，福祉とは別の関係者ら（例えば地域住民や観光客）と手をつなぐことによって，問題は解決すると考えられないだろうか。

先述までの3障害協働による観光土産品づくりは，利用者，職員，そして近所の地域住民という限定された中での活動であったように思われる。

そこで，つぎに当会の町全体，日本全体をも巻き込んだ活動を紹介する。まさにユニバーサル社会形成に向け，貴重な発信をした取組みである。

図4.10の問題でいえば，町全体の住民や全国の観光客が新たな点に相当し，一人ひとりが社会資源となったやさしい取組みともいえる。

ここで，活動の枠をさらに広げるに当たり，大切なやさしい視点を述べるならば，なによりも活動の主体である利用者自身が住民の一人として，元気になる，つまり**エンパワーメント**（**empowerment**）される取組みであるかどうかということだろう。

エンパワーメントとは，社会や組織において自らを統制する力を奪われた人々がその力を取り戻すプロセスや成果のことをいうが，当会でも利用者や社会に対して，文字からエンパワーメントを図る取組みを行っている。

例えば，**図4.11**に示すように，当会の働き掛けにより，2002年度の町民向けの広報紙「広報やつお」から「障害者」を「障がい者」に置き換える表記法を行政自らが採り入れてくれたのである。もちろん，県内自治体での採用は当時初めてである。

このように福祉施設が率先して取り組むことによって，まずは利用者自身が元気になる，そして住民自身がやさしい気持ちを持ってもらえるように啓蒙・啓発することは，今後，活動の枠を広げていく上で大切な視点である。

つまり，当会の活動にあてはめて考えるとすれば，利用者自身が福祉サービスを受ける者（受益者）としてだけではなく，観光サービスを提供できる者としても活躍できる機会を持てる社会こそがユニバーサル社会であり，八尾流ということになろう。

そこで，これらの視点を踏まえた「富山八尾発！ 風のたより事業（以下，

図 4.11 文字表記からのやさしい取組み（北日本新聞 2002 年 8 月 26 日付）

本事業という）」を紹介する。

　これまで当会では，おわら踊りを印刷したオリジナル紙風船は製作してきたが，これを，便りとしても使える紙風船にし，「風のたより」と命名したところに，まず本事業の出発点がある。

　ここで，なぜ紙風船を使用したのか，そのやさしい視点を紹介する。

1）　だれが作っても楽しいものであると思われ，まただれがもらっても嬉しい逸品であること
2）　八尾だけでなく，薬の富山ということで，富山をすぐにイメージできるものであること
3）　紙風船作りは，子供からお年寄りまでだれもが楽しんで取り組めるというユニバーサルな視点を含んだものであること
4）　お年寄りには懐かしみながらリハビリに，子供たちには，先人たちの知恵を学びながらの総合学習にも良い機会となること

5) 利用者が講師となって，地域へ出掛ける事業であること
6) 福祉施設が取り組む八尾流「生涯学習」としてもふさわしいカルチャー教室であると考えられたこと

である。

本事業の一連の流れを説明する。まず図 4.12 に示すように，紙風船作りのリーダーを養成し，町民人口数分の 22 626 通分を全住民に呼び掛け，図 4.13 のように作る。そして「おわら風の盆」期間中，各商店街や公共施設で配布し，観光客に旅先での想い出や感動，八尾町への提言等をたよりにつづって，図 4.14(a) のように返送してもらう。そして図(b)に示すグッズを使って風のたより展を開催していく，というものであった。

また，展示するだけでなく風のたより展開催中，八尾町と(財)自治総合センター主催で「おわらないまちづくりシンポジウム」も行われた。パネルディス

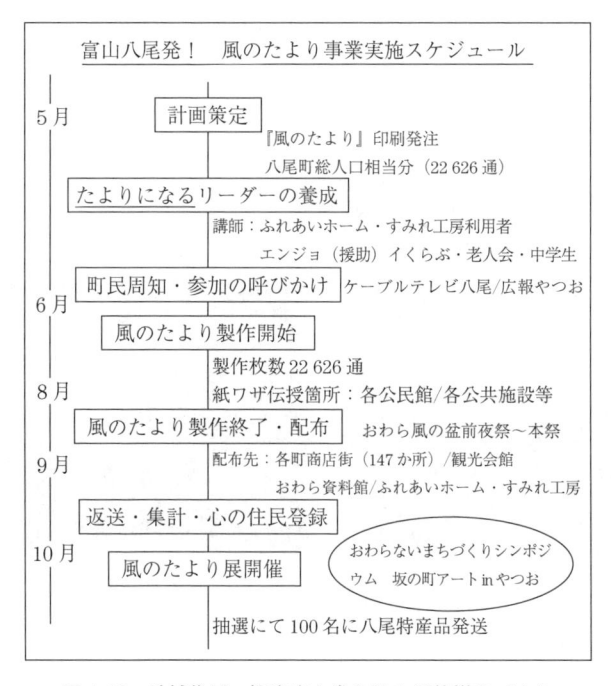

図 4.12 地域住民・観光客を巻き込んだ仕掛けづくり

118   第4章　暮らしとユニバーサルデザイン

図 4.13　地域住民を巻き込んだ風のたより事業実施風景
（北日本新聞 2002 年 6 月 26 日付）

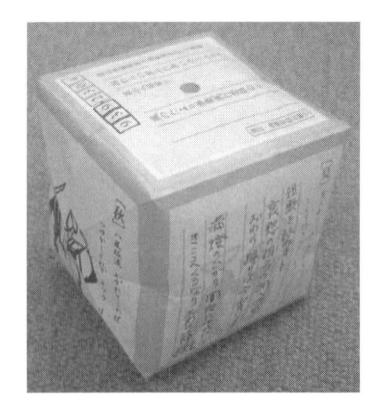

（a）　返送されてきた便箋「風のたより」（側面に手書きで想いが綴られている）

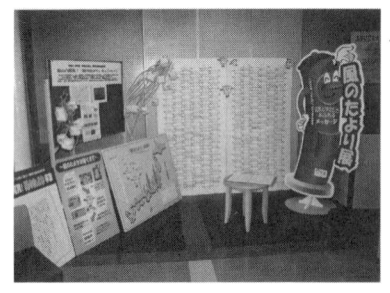

（b）　風のたより展開催グッズ

図 4.14　風のたより事業で活用された品々

カッションの際の話題提供に，返送された風のたよりの内容が，今後のまちづくりを終わらせないためのビタミン剤として生かされる，というプロジェクトにまで発展した。

それは「町民と観光客どちらもたより」にした，八尾流の元気いっぱいの夢や未来を語る事業となった。

さらに，返送された中から，100人に町の特産品をプレゼントし，商店街の活性化にも役立てた。返送されたたよりは，「心の住民票」として登録し，町のサポータ的存在として，まちづくりに向けた新たなネットワークの形成にも役立てていくことになった。

そして，この「心の住民票」をもとにさらに発展させたのが，図4.15（a）や図（b）に示す「桑粉を使ったアイデアレシピ募集」事業である。かつて，養蚕業で栄えたことに立ち返って，桑の葉を使った新たな特産品のアイデアを募集し，まちのにぎわいを**リカバリー（recovery）**しようとしたものである。

（a）　観光客のアイデアを八尾の特産品に生かす工夫

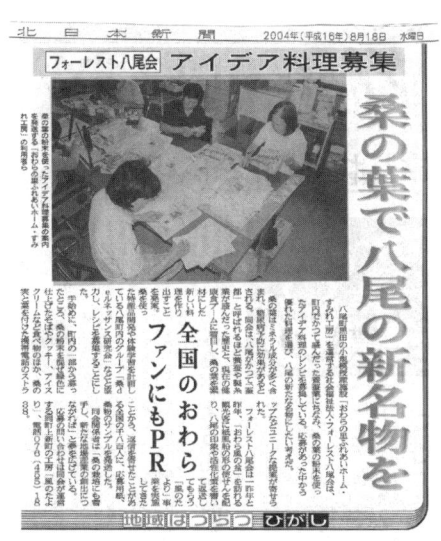

（b）　古くて新しいまちづくりの活動開始（北日本新聞2004年8月18日付）

図4.15　観光客もまちづくりに参画してもらうやさしい活動

まさに観光客を社会資源として"頼り"にした双方向の事業であり，「地域風土力」を再強化するものであった。この動きは，アイデアをもらうだけにとどまらず，町内の和菓子屋で，商品化されることになり，また当会でも図4.7（b）の「工房風のたより」内に桑菓子工房を開店するまでに至った。

いま，時代はインターネットにメールといったパソコン通信が主流である。確かに，多くの観光客から意見をもらうのであれば，メールで送信してもらえばよいのかもしれない。しかし，ITには「人間くささ」は表現できない。観光客のまちづくりへの想いや気持ちや情熱は肉筆だから伝わる。そんな人間くささを1枚のレトロな紙風船というツールから引き出そうとしたところに，古くて新しい八尾流のやさしい視点があると思われる。

表4.3には，返送されてきたたよりの一部を示すが，2年間かけて届いたたよりは，1739通にも上った。送られてきたたよりすべてが，よい内容のものばかりではない。なかには厳しい意見のものもあったが，八尾やおわらを愛す

表4.3　全国から届いた風のたよりの内容（一部）

1.	待ちに待った 風の盆。音楽も風 楽器の音も風唄も風 踊りも風 町並も風。やさしく静かに 風が吹き抜けていくような八尾の町でした。 （静岡県 女性）
2.	起きてみる夢があるとすれば，まさしくこの八尾風の盆ではないでしょうか。又，二度も三度も夢を見に行きます。それぞれの町の踊り，唄，三味線，胡弓の音色など脳裏に焼きついております。又，上新町の青年の踊り手さんのすがすがしさ忘れません。 （和歌山県　女性）
3.	あこがれでした風の盆に行けて本当にうれしい思いです。主人はアルツハイマーなのでショートステイをお願いし，私は難病持ちです。でも元気で行けて幸いでした。ますますのご発展をお祈り致しております。町の方々ありがとう。 （兵庫県　女性）
4.	子供のころ富山の薬売りの方が紙風船を置いていってくださったことを思い出しました。妹と一緒に楽しんだことも。男と女の原点を見るような風の盆踊り。男は男らしく，女は女らしく，そんな姿に心熱くなる私は古い女なのかしら。 （岐阜県　女性）
5.	八尾の皆様こんにちは。一日には念願の八尾の踊りを見に行きました。とても感激しました。とにかくきれいな町でした。塵ひとつ落ちてない事にビックリ！　どうしてあの様にできるのでしょうか？　町の皆様の心がけなのか，他県の人も絶対ごみを捨てることはできないと思います。行かせていただいてとてもよかったです。有難うございました。 （福井県　女性）

るからこその意見であり，まちづくりには貴重な提案であるとして，地域の診断に福祉施設が一役担うこととなった。

さらに**図 4.16** に示すように，たよりを分析し，八尾をイメージする言葉を導き出すといったことも行った。たかが紙風船である。しかし，2 年間かけて 4 万枚を製作する過程の中で，住民らと想いを一つにできる，まさに心のバリアフリーを図る機会が得られ，また全国の観光客から寄せられた肉筆のたよりによって，利用者はもちろん町全体がエンパワーメントされた事業となった。

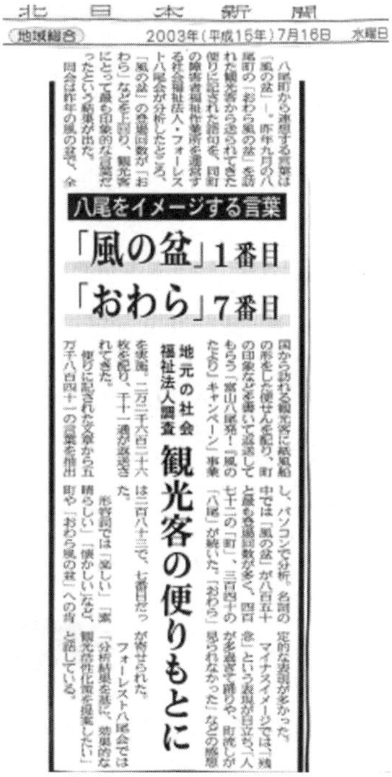
北日本新聞
地域総合　2003年（平成15年）7月16日　水曜日
八尾をイメージする言葉
「風の盆」1番目
「おわら」7番目
地元の社会福祉法人調査
観光客の便りもとに

図 4.16　返送された風のたよりを内容分析（北日本新聞 2003 年 7 月 16 日付）

さらには，薬の富山を代表する老舗製薬会社である「廣貫堂」と富山大学和漢医薬学総合研究所，そして越中八尾観光協会らと協働して，八尾産の桑葉を活かしたペットボトル茶「おわら桑摘み茶」を開発することとなった。この取り組みの特徴は，売上げの一部が桑畑再生事業とおわら風の盆踊り育成事業に還元されるというコミュニティビジネスへとつながっていることである（**図 4.17** 参照）。

この薬都富山を代表する企業との蚕都八尾まちづくりへの取り組みは，平成 20 年度経済産業省の「ソーシャルビジネス 55 選」にも選定された。

福祉施設でも，企画内容によっては，たよりにされる存在に十分なり得る。すなわち，ノーマライゼーション理念を浸透させる存在そのものであり，心のバリアフリーの促進や，ユニバーサル社会の形成を推進できる存在でもあるからだ。

当会の活動に見られるやさしい視点とは，これらの要素をすべて含んだ活動を展開しているところにあるといえよう。

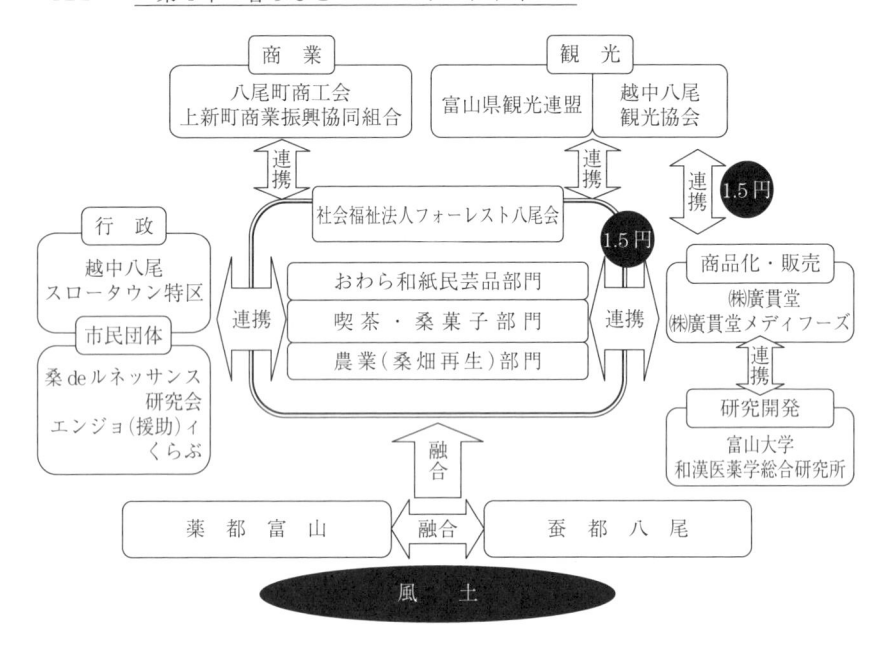

図 4.17 社会福祉法人が紡ぐ八尾風土（フード）プロジェクト Y 相関図

4.3.2 「富山型デイサービス」の取組み

つぎに紹介する事例は，社会のニーズ把握と分析，そして社会資源の開発に優れ，在宅福祉の分野で，現在では「富山型デイサービス」と称され，全国に先駆けて取り組んだNPO法人「このゆびとーまれ」についてである（図4.18）。

「このゆびとーまれ」は1993年，病院を退職した3人の看護師たちが，民家を使い，家庭的な雰囲気のもとに，利用者を限定せずに在宅福祉サービスを提供したことから始まっている。「児童」「障害者」「高齢者」と縦割りの福祉行政に風穴を開け，柔軟なサービスの形として，開所当時から全国的に注目を集めた民間の**デイサービス（通所介護）**施設である。

図 4.18 「このゆびとーまれ」でのデイサービスの風景（写真提供：富山県厚生部厚生企画課）

開所当時は，まだ**介護保険制度**もなく，既存の福祉制度にはない運営形態でもあっ

たことから，結果として約3年間，自主サービス事業とボランティア精神で運営せざるを得なかった。しかし，このゆびとーまれをはじめとする事業者や周囲の要望により，1997年からこのような民間デイサービス施設に対し，行政から画期的に補助金が交付されることとなった。

したがって，「富山型デイサービス」は，富山から全国に発信した，新しい形の福祉サービスである。「富山方式」，「富山型」と呼ばれている理由は，障害の種別や年齢を超えて一つの事業所でサービスを提供するという方式であること，縦割り行政の壁を打ち破った日本で初めての柔軟な補助金の出し方であること，という2点からである。

また，その特徴と効果としては，図4.19（a）の富山型デイサービス施設調査研究委員会の報告書の中で大きく4点を挙げている。図（b）は，それをわかりやすくまとめたものである。

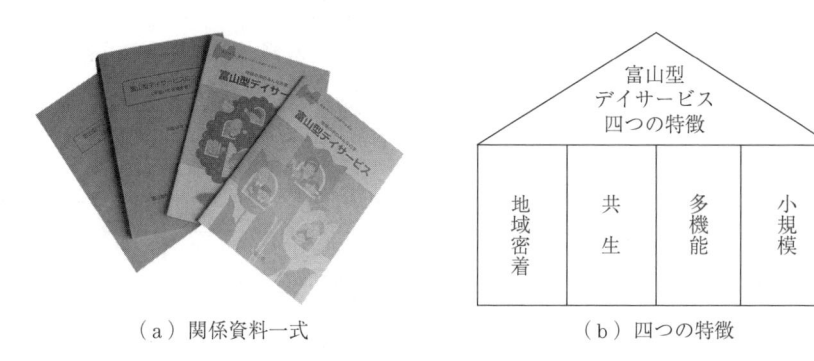

（a）関係資料一式　　　　（b）四つの特徴

図4.19　富山型デイサービス

一つ目は「小規模」である。これは家庭的な雰囲気の中，自然体で過ごせることや，きめの細かい介護ができること，としている。

二つ目は，「多機能」である。通い・泊まり・住み続けること，といったように利用する機能を変えていくことができること，としている。

三つ目は，「共生」である。図4.18のように，空間的に利用者が限定されず，乳幼児から障害者，高齢者まで同時にケアされていることから，一緒に過ごすことによる生活上の相乗効果があるとみられること，としている。

124   第4章　暮らしとユニバーサルデザイン

そして四つ目は,「地域密着」である。一般に住宅地，集落の中にあり，施設として独立していないことから，近隣との交流が多いことや地域の各種相談の窓口機能も引き受けることができること，としている。

また，**図4.20**には，富山型と従来のデイサービス施設と比較したものを示す。富山型は，施設の条件をはじめ，ケアサービス，施設の機能，経営面に至

施　設　の　条　件

評価する側面	富山型	従来型
設置場所	日常生活圏内（住み慣れた所）	人家から遠い
建設内容	家と同じ環境	施設としての建築物
安全性	畳による安全，生活の継続感	コンクリートにより転倒骨折
規模	小規模（ワンフロア中心）・普通の生活	大規模
ユニット	ユニット	ユニット困難
生活性	自立化（双方向）	援助（一方的・受身）

（a）富山型デイサービスと従来型デイサービスとの「施設の条件」における対比

ケ　ア　サ　ー　ビ　ス

評価する側面	富山型	従来型
サービス方式	利用者の要求，ニーズに基づいた日課	施設で定められた日課によるサービス
	個別生活支援・日常生活の延長	集団的プログラム化・特定の専門性
	同じスタッフが対応することで人間関係を構築できる	職種により担当が異なる 日課のプログラムで担当が異なる
食事	利用者の目の前で調理（自宅と同様の環境） 五感で生活を感じられる（継続性）	厨房でできたもの 生活感がない
外出	ボランティア等で外出	年に数回
地域社会	ボランティア等でコミュニティーの中へ地域と共生	地域社会に遠い
生産および役割	家事や畑作りなどの役割（双方向） サービスの一部担い手になることのできる居場所づくり・自立と意欲の増幅	趣味活動等は施設の計画に基づいて実施受動的で自発性が生じにくい
サービス者(スタッフ)との関係	共生（双方向）・受身ではない	サービス利用者（受け身）と提供者

（b）富山型デイサービスと従来型デイサービスとの「ケアサービス」における対比

図4.20　富山型デイサービスと従来型デイサービスの対比一覧（富山型デイサービス施設調査研究委員会　平成16年度報告書一部改変）

施設機能

評価する側面	富山型	従来型
サービスの種類	複合(対象者を限定しない)	単一(一般に専門性が高いとの認識)
地域との関連	重要(密着),住民参画(ボランティア等)地域と分離しては永続できない	必要性低い 独自の世界ができやすい,閉鎖的
施設の相談	多機能相談 生活相談・インフォーマルな人生相談までも受け入れる	単一相談(特定の領域の専門性が高い)
施設(内)の成果	複合的で思いやりが生まれる	単一的で人間関係に強弱(上下)が出やすい
地域の課題解決	行いやすい 地域づくりの拠点としての発展性	困難である

（c） 富山型デイサービスと従来型デイサービスとの「施設機能」における対比

経営

評価する側面	富山型	従来型
立ち上げ(資金)	1施設1000万円程度(通所としての民家改修)生活環境として,家(生活の場)をつくる	一床 約1000万円
運営費	経営は困難(採算ライン)	大規模ほど利益が出る
ボランティアの参加	積極的に努力する	運営ができるので消極的
情報の開示	地域との共生のため開示	待機者が多数のため消極的
職員の教育,スキルのレベル	少人員のための統一化,共有化しやすい	多数のため困難,上下の差大きい

（d） 富山型デイサービスと従来型デイサービスとの「経営」における対比

図 4.20 （つづき）

るまで，あらゆる面において，やさしい視点を生み出していることが理解できる。

すなわち，「いつでも，だれでも，必要なときに必要なサービスを提供する」という利用者のごく自然な当たり前のニーズを把握したこと，そしてそれを浸透させ，既存の福祉制度はもちろんのこと，介護保険制度も整備されていない状況の中で，行政をも動かした点に富山型の魅力がある。

行政にとっても，これまでの補助金の交付制度を見直すことが，**制度面のバ**

リアフリー化（3.5.2項）につながり，しいてはユニバーサル社会を形成していく上で，有益であり，その点に力を注ぐことこそ，行政の果たす役割と認識したものと思われる。

具体的には富山県と富山市は，2003年に「富山型デイサービス推進特区」の認定を受け，それまで高齢者と身体障害者だけだった介護保険指定の通所介護事業所の利用者枠を，知的障害者および障害児にまで広げた。また身体・知的障害者の各指定デイサービス事業所でも，それまで利用できなかった障害児の受入れを可能としたのである。

ここで，特区について説明する。特区とは，地域からの発案により，既存の規制を緩和する制度のことである。特区において緩和された規制については，国が評価を行い，支障のないものは，全国的に規制を緩和する，としている。

この富山から始まった「富山型デイサービス推進特区」は，2006年10月より，全国的に規制が緩和されることになった。

つまり，介護保険法による指定介護事業所での知的障害者および障害児の受入れが，全国で認められたということになる。富山の看護師3人の施策が，全国で取り入れられたわけである。

4.3.1項でも述べたが，この事例においても同様に，やさしい視点とは，「当たり前ということに意識を近付け，いくつもの相乗効果を生み出していく発想」であることがあらためてわかる。

4.4　一般製品とユニバーサルデザイン

私たちが日常生活で使用している製品は，「右利きの青壮年男性」をユーザに想定して設計されてきたといわれる。逆の視点で考えると，左利きや，少し力の弱い女性や高齢者には使いにくいものとなっている可能性がある。じつは，このような当たり前のことが，つい最近まで十分な議論がなされずにやり過ごされてきた。これに対処する設計（デザイン）手法として現れたのが，ユニバーサルデザインである。

4.4.1 ユニバーサルデザインの概念

デザイン（design）とは，下絵・図案そのものを指す場合と，製品設計における意匠や造形の総合的な計画そのものを指す場合がある．ここでは，後者の「生活に必要な製品を設計する手法」という観点から，デザインを考える．

ユニバーサルデザイン（universal design）という言葉は，1985年に米国**ノースカロライナ州立大学**の**ロン・メイス**（Ron Mace）によって初めて使われた．同大学に設立された**ユニバーサルデザインセンター**（The Center for Universal Design）では，これを「特別な改造や特殊な設計をせずに，すべての人が，可能な限り最大限まで利用できるように配慮された，製品や環境のデザインである」と定義し，"**インクルーシブデザイン**（inclusive design，差別のないデザイン）"であると説明している．これに近い概念がほぼ同時期に他国でも提唱され，欧州では"**デザイン・フォー・オール**（**design for all**，万人のための設計）"と呼ばれている．ここでいう万人とは，年代，性別，能力，言語，文化的背景などによる制約のないことを指している．その後，**アクセシブルデザイン**（accessible design，受け入れやすいデザイン）という考えも派生したが，この用語は情報分野では別の意味で用いられている（3.3.2項）．

メイスらは，ユニバーサルデザインとはなにかを，**図4.21**に示すようにつぎの7原則で説明している．

1) 公平な利用（equitable use）　デザインは，万人にとって有用で市場性があるものであること．
2) 利用における柔軟性（flexibility in use）　デザインは，広範囲な個人的な好みや能力差を許容すること．
3) 単純で直感に訴える利用（simple and intuitive use）　ユーザの経験，知識，言語能力あるいは集中力のレベルに関係なく，利用方法が理解しやすいデザインであること．
4) わかりやすい情報（perceptible information）　周辺状況やユーザの感覚能力とは関係なく，ユーザに対して効果的に必要な情報を伝えるデザインであること．

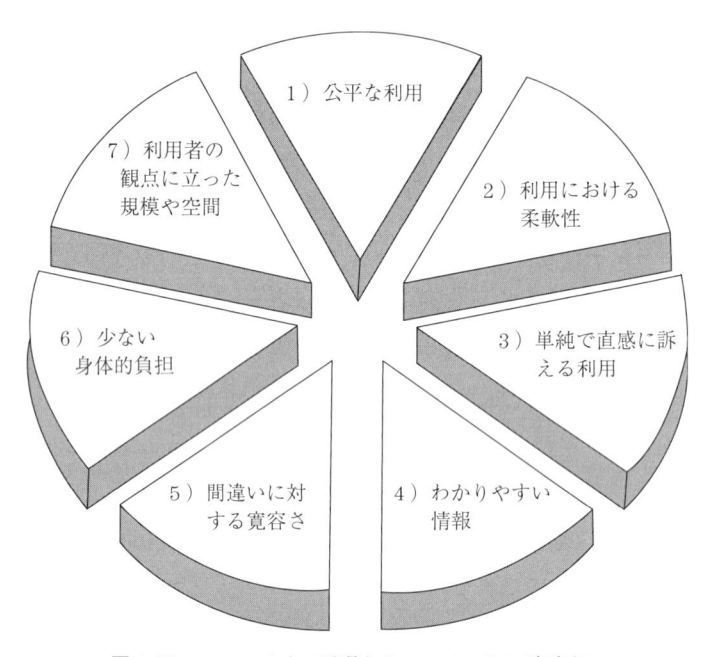

図4.21 ロン・メイスが唱えるユニバーサルデザイン

5) 間違いに対する寛容さ（tolerance for error）　危険，予期せぬ行動，意図せぬ行動がもたらす不利益な結果を最小限にするデザインであること。
6) 少ない身体的負担（low physical effort）　効率的に心地よく，疲れを最小限とする状態で利用できるデザインであること。
7) 利用者の観点に立った規模や空間（size and space for approach and use）　ユーザの体格，姿勢もしくは移動能力と関係なく，近付いたり，手が届いたり，操作したり，利用したりするのに十分なサイズと空間が提供されていること。

この7原則をすべて満たしていなければユニバーサルデザインではないということではなく，できるだけ多くの項目を満足するように配慮すべきであるという指針を示している．これらの原則は，個々の事項に着目すると，特に目新しい内容を含んでいるというよりも，工学的な設計において以前から指摘され

ていた事項を整理したものであるともいえる。例えば，「5） 間違いに対する寛容さ」は，3.1.3項で述べた**フールプルーフ設計**と同じ概念である。この7原則は，ユニバーサルデザインという独創的な概念を，複数の条件を列挙することによって明確にしていることに意義があるといえよう。

　ユニバーサルデザインは，単なる設計手法なのか，それとも美的価値を表現した芸術なのかという問い掛けがある。高いQOLをもたらす製品の創造は，研究者，技術者だけでなく，デザイナー，建築家に共通する課題である。質の高い設計がなされた製品に触れたとき，私たちはしばしば美的価値すら感じる。すなわち，ユニバーサルデザインは，製品の質を向上させる設計手法であるが，芸術を切り離して考える必要はなく，むしろ積極的に取り入れていく姿勢が必要なのではないだろうか。ユニバーサルデザインに限らず，製品の研究開発には，対象を感性でとらえることも必要なのである。

　なお，本書では，ユニバーサルデザインの概念を取り入れていない製品を**一般製品**と呼ぶ。また，ユニバーサルデザインの概念を取り入れた製品を正確に記すとユニバーサルデザイン製品（universal design products）となるが，冗長なので本書ではこれもユニバーサルデザインと呼ぶ。

4.4.2　ユニバーサルデザインの広がり

　ユニバーサルデザインという概念が有用であることを世界的に認識させた象徴的な製品に**オクソ社**（米国，OXO International, Ltd., www.oxo.com）の**グッドグリップ**（Good Grips line）がある。家庭用品メーカーの著名な設計者であったサム・ファーバー（Sam Farber）は，66歳で会社をリタイアした後に高齢化に伴う料理道具の扱いづらさに苦労する妻ベッツィー（Betsey）と協力して，優れた機能性と斬新なデザインを併せ持つ料理道具を1990年に生み出した。図4.22は，グッドグリップの先駆けとして製品化された野菜の皮剥き器（ピーラー）を示す。グッドグリップの特長は，ねじったり，押したり，引いたりする動作に用いられる道具の握り手に，断面が卵形の丸みと弾力のある設計がなされていることと，色使いなどの視覚的な美しさが重視されて

図 4.22 オクソ社のグッドグリップの先駆けとなった野菜の皮剝き器（米国，OXO International, Ltd., www.oxo.com）

いることにある。米国では，滑らず持ちやすい「やわらかいゴム製の持ち手」といえば，このグッドグリップを連想するほどだといわれている。

日本では，**プリペイドカード**（prepaid card）の JIS 規格化が，ユニバーサルデザインの標準化の端緒として有名であり，(財) **共用品推進機構**[†1] の前身である市民団体 E & C プロジェクトが中心的な役割を担った。プリペイドカードとは，代金前払い式のカード型の有価証券（金券）で，磁気や IC でデータが記録され，特定の商品やサービスの購入代金支払いに利用されている。日本では，1982 年に当時の日本電信電話公社（現日本電信電話（株），NTT（株））が，テレホンカードを作ったのが始まりとされる。

[用語解説]

†1 (財) 共用品推進機構は，共用品・共用サービスの開発と普及のために 1999 年に設立された。幼児向けの絵本「ぞうくんのさわってわかるぞう」の無償配布を行う等，子供から高齢者まで，また個人だけでなく企業，行政・自治体も対象とした幅広い活動を行っている（図 4.23）。

図 4.23

プリペイドカードは，それ以前からあったクレジッドカードやキャッシュカードとも形状寸法が似通っていて紛らわしく，健常者ですら見分けるのが面倒である。また，プリペイドカードの使用目的も多義に渡ってきた。そこで，

視覚障害者が触覚だけで使用目的を区別できるように考案されたのが，図4.24に示すプリペイドカードの切り欠きである．電話用は扇形，乗物用は三角形，買物用は長方形の切り欠きが用いられ，切り欠き間口の幅と底の形の違いで，3種類の識別ができるデザインである．切り欠きを設けられるスペースを限定することによって，健常者が使う上でなんら不自由を生じておらず，むしろこの仕組みを知っていれば，健常者も視覚・触覚の両方でクレジッドカードやキャッシュカードなどと識別できるというメリットが生じている点が注目に値する．もともと一般製品であったものを，ユニバーサルデザインにした好例である．このデザインは，1996年に**JIS規格**に制定された（プリペイドカード——一般通則，JIS X 6310：1996）．

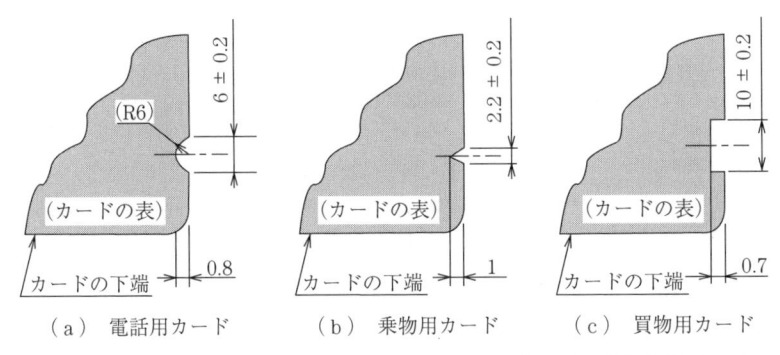

（a）電話用カード　　（b）乗物用カード　　（c）買物用カード

図4.24　JIS規格になったプリペイドカードの切り欠き（日本規格協会，JIS X 6310 プリペイドカード——一般通則）

ユニバーサルデザインを考える上で重要なのは，障害者や高齢者が，日常どのような不便さを感じているかを推し量ることにある．図4.25には，商品のパッケージに施されたユニバーサルデザインを示す．開封機構としては，わずかな力で容易にパッケージを開封できるようにしたものを列挙してあり，これらのデザインは身体障害者だけでなく，幼児や高齢者，女性などに配慮されている．触覚記号としては，シャンプー容器の側面に設けられたギザギザの識別突起など，類似した形状のパッケージを触覚で区別できるよう，視覚障害者に配慮したものなどが挙げられる．これらは，高齢者・障害者配慮設計指針—包

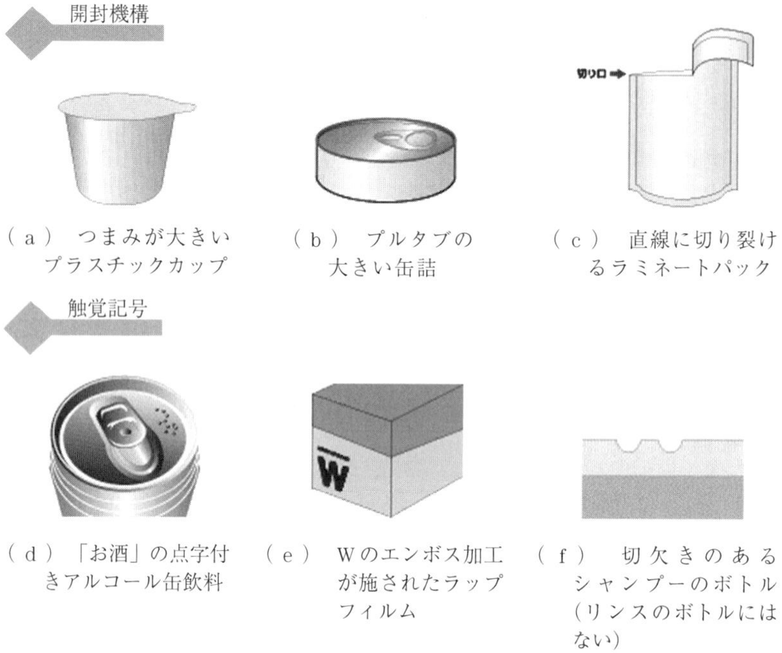

132　第4章　暮らしとユニバーサルデザイン

開封機構

（a）つまみが大きい
プラスチックカップ

（b）プルタブの
大きい缶詰

（c）直線に切り裂け
るラミネートパック

触覚記号

（d）「お酒」の点字付
きアルコール缶飲料

（e）Wのエンボス加工
が施されたラップ
フィルム

（f）切欠きのある
シャンプーのボトル
（リンスのボトルには
ない）

図4.25　商品のパッケージに施されたユニバーサルデザイン（(財)共用品推進機構ホームページより，http://www.kyoyohin.org/）

装・容器（JIS S 0021：2000）で規定されている。

図4.26には，商品の操作性を工学的に工夫したユニバーサルデザインを示す。これらのほかにも，電気操作スイッチの操作性を向上するために付ける「凸記号」を規定した高齢者・障害者配慮設計指針―消費生活製品の凸記号表示（JIS S 0011：2000，携帯電話の数字「5」など）や，情報伝達の手段として用いられる「報知音」を規定した高齢者・障害者配慮設計指針―報知音（JIS S 0013：2002）などもある。

先進諸国が人口減少社会に突入しつつあるいま，ユニバーサルデザインを理解することは，私たち自身の将来のためにも有用である。**高齢者**の明確な定義はないが，世界保健機構では，65歳以上の人を高齢者としている。さらに，65歳以上74歳未満を**前期高齢者**，75歳以上を**後期高齢者**と呼ぶ。また，介護保険は原則65歳以上を給付対象としているように，現在の日本の社会保障制

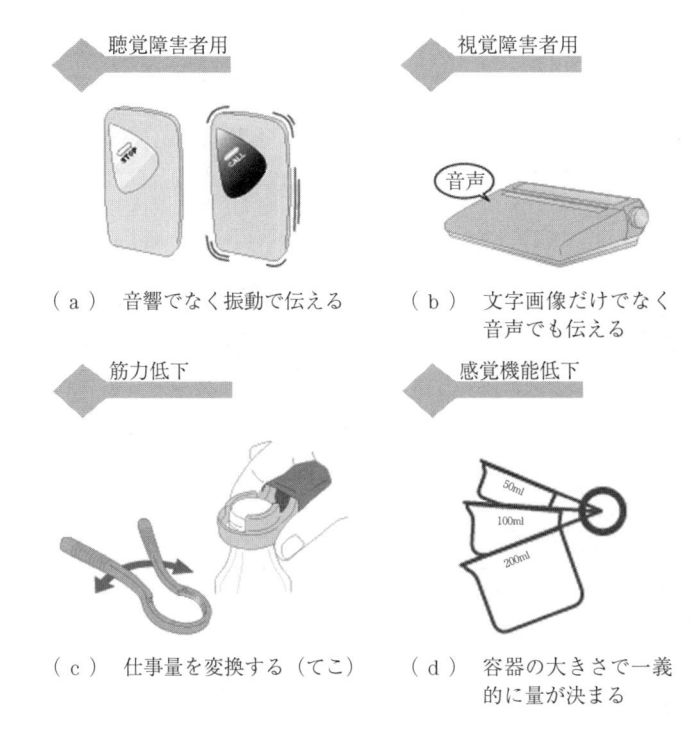

4.4 一般製品とユニバーサルデザイン　　*133*

(a) 音響でなく振動で伝える　　聴覚障害者用

(b) 文字画像だけでなく音声でも伝える　　視覚障害者用

(c) 仕事量を変換する（てこ）　　筋力低下

(d) 容器の大きさで一義的に量が決まる　　感覚機能低下

図 4.26 商品の操作性を工学的に工夫したユニバーサルデザイン（(財)共用品推進機構ホームページより，http://www.kyoyohin.org/）

度でも，65歳以上を高齢者としている。

　図 4.27 は，日本の人口構成の推移を50年ごとに示したものである。総務省の発表では，国勢調査の結果として，日本の総人口のピークは2004年12月の1億2784万人であることが判明し，右肩上がりの人口増加は終焉してついに人口減少時代に突入したことが確認された。2050年には1億60万人まで減少するという予測もある。つまり，日本の**人口ピラミッド**は，過去の富士山型（1950年）から近年の釣鐘型（2000年）を経て，将来はツボ型（2050年）へと姿を変える。65歳以上の高齢者数（**老年人口**）と15～64歳の生産年齢人口の比 [%] を**老年（従属）人口指数**と呼ぶが，2050年にはそれが67%に達し，若者1.5人で高齢者1人を扶養しなければならないことになる。これは図に示した老年人口面積の増加からも直感的に理解できる。すなわち，従来のように

第4章　暮らしとユニバーサルデザイン

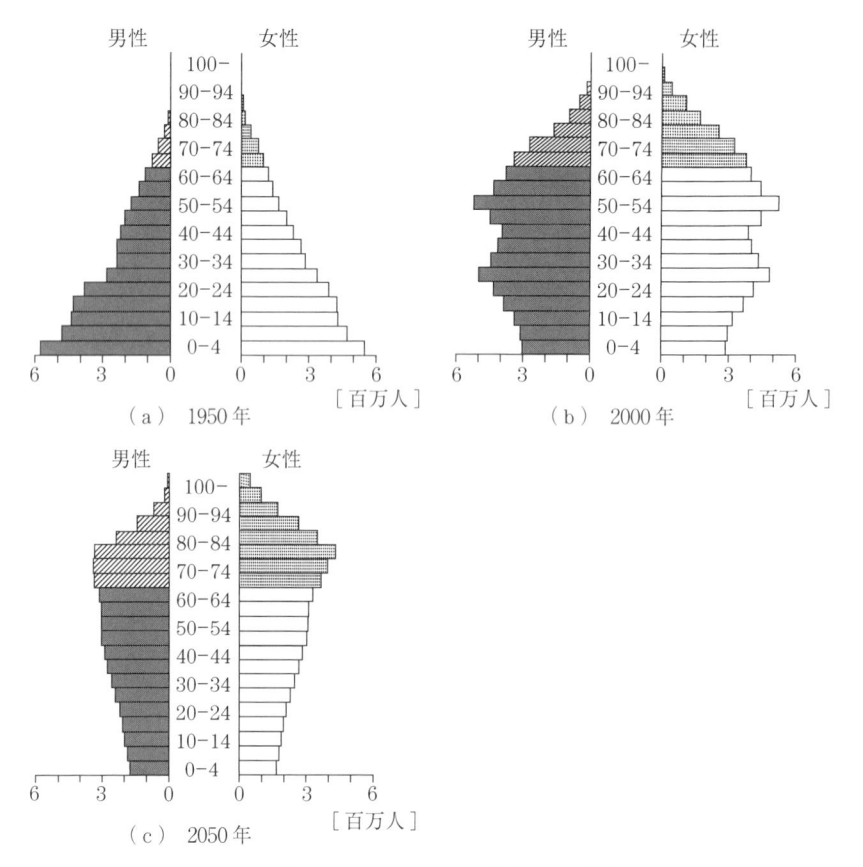

図4.27　日本の人口構成の推移（国立社会保障・人口問題研究所の日本の将来推計人口（2002）を改変）

若者が高齢者を扶養するという構図が成立しにくくなることから，高齢者が自立できるさまざまな社会的仕組みがいままさに必要とされているのである。

そこで，**ライフサイクル**（life cycle）という時間軸で，ユニバーサルデザインの有用性を考えてみよう。世代をどう区分するかは，生理学的，経済学的，法的観点など目的によって異なるが，ここでは，福祉・労働力などの社会学的観点から，**乳幼児**（6歳未満），児童（6歳以上15歳未満），**生産年齢**（層）（15歳以上64歳未満），高齢者（65歳以上）と区分する。一般製品をユニバーサルデザインに置き換えることは，**図4.28(a)**に示すように，生産年

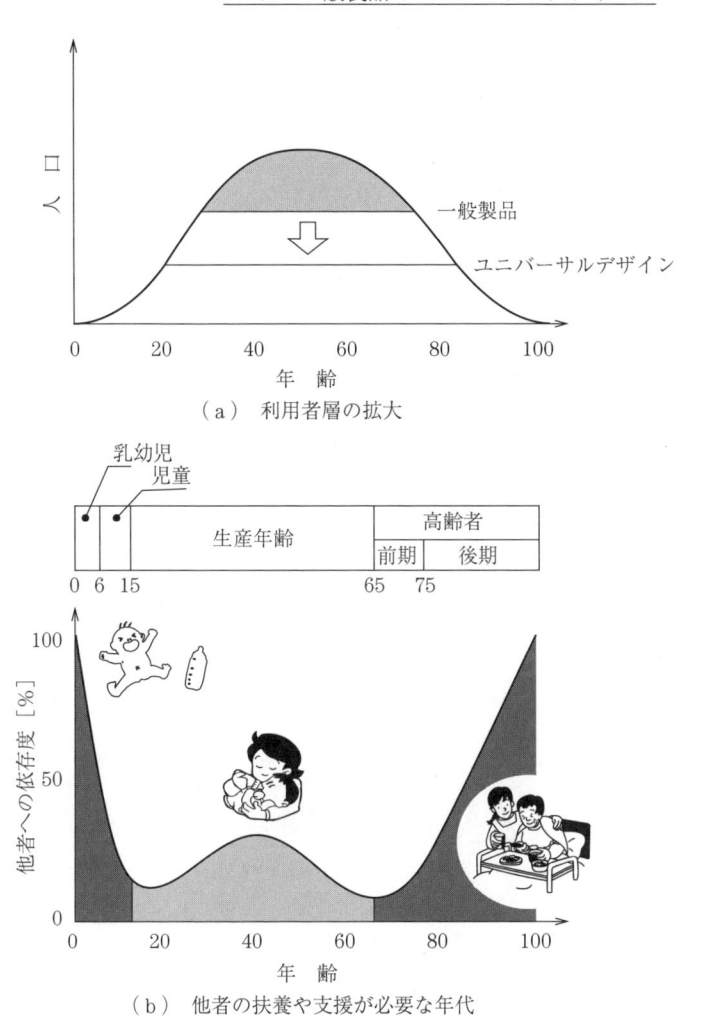

4.4 一般製品とユニバーサルデザイン　　135

(a) 利用者層の拡大

(b) 他者の扶養や支援が必要な年代

図4.28 ライフサイクルとユニバーサルデザイン―人口減少社会への工学的なアプローチ

齢の両側の裾野でユーザを広げる効果がある。

　一方で，図(b)に示すように，乳幼児は，他者の扶養なしでは生活できない。高齢者では，個人差はあるものの後期に至るとなんらかの他者からの支援が必要である。生産年の中心の30〜40歳代でさえ，子供の扶養のために，家族や地域の支援が不可欠である。こうして考えると，他者の扶養・支援をまっ

たく必要とせずに生活できる期間というのは，それほど長くない．つまり，ユニバーサルデザインは乳幼児や後期高齢者に対しては十分な効果が発揮できず，万能ではないことがわかる．この対策に関しては，4.5.2項で述べるオーファンプロダクツで説明する．

4.5 ユニバーサルデザインと福祉機器

4.5.1 福祉機器との関係

ユニバーサルデザインの意義を明確にするために，それが一般製品や福祉機器とどのような相補関係にあるのかを考える．図4.29は，福祉機器，ユニバーサルデザインと一般製品の関係を示す模式図である．ユニバーサルデザイン，すなわち網掛けで示されている領域の製品が生み出される由来としては，つぎの三つが考えられるが，区別して考える必要性は少ない．

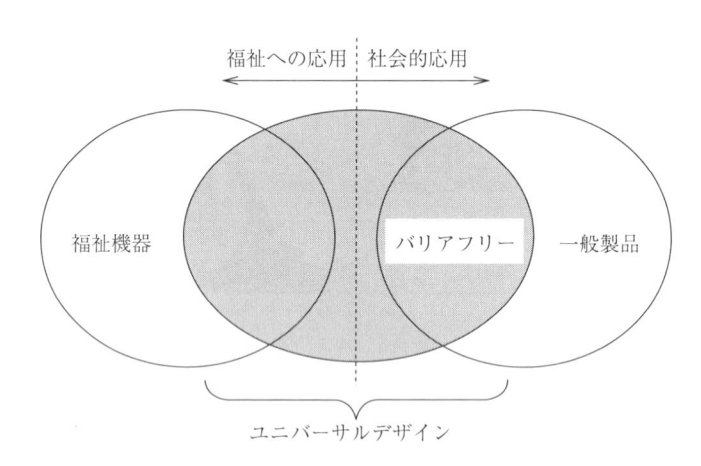

図4.29 福祉機器，ユニバーサルデザインと一般製品の関係

1) 元は福祉機器であったものを，特に改良せずにユニバーサルデザインとして利用できる製品．このカテゴリーに入る製品はほとんどないが，視覚障害者用の触地図などが該当する．
2) 一般製品としても存在せず，最初からユニバーサルデザインとして開

発した製品。このカテゴリーに入る製品もまだ少ない。

3) 元は一般製品であったものを，特に改良せずにユニバーサルデザインとして利用できる製品か，もしくはユニバーサルデザインとなるよう改造した製品。このカテゴリーに入るユニバーサルデザインがほとんどである。特に改良を必要としないものでは，エレベータ，エスカレータ，自動ドアなどの従来から利用されている自動化技術（装置）が代表的である。改造した製品としては，取出し口を上部に設けた自動販売機，車いすでも通過できる幅の自動改札などの自動化装置や，アルミサッシなどの建築・住宅設備が代表的で，これらは**バリアフリー製品**（barrier-free products）とも呼ばれる。

ユニバーサルデザインという概念を普及するためには，晴盲共遊玩具[†2]などの案内記号に代表される環境整備や啓蒙活動も重要である。

[用語解説]
†2 （社）日本玩具協会では，障害を有する子供のために，晴盲共遊玩具（せいもうきょうゆうがん ぐ）というユニバーサルデザインを推奨している。その具体的な啓蒙活動として，二つのマークが考案された。盲導犬マークは視覚障害，ウサギマークは聴覚障害がある子供でも遊べるように配慮した玩具であることを示している（図4.30）。これらのマークを玩具のパッケージに表示することにより，購入の参考となるだけでなく，このような配慮がなされた玩具の増加を促されることが期待されている。

（a）盲導犬マーク　　（b）ウサギマーク

図4.30　盲導犬マークとウサギマーク
　　　　（（社）日本玩具協会）

4.5.2 オーファンプロダクツとの関係

オーファンプロダクツとは，まだ耳慣れない言葉であるが，これに近いものにオーファンドラッグがある．厚生労働省では，**オーファンドラッグ**（orphan drug）を，希少疾病用医薬品と称し，日本では国内患者数が5万人未満のまれな疾病を対象にした医薬品のことを指している．米国では20万人未満が対象であり，基準は人口などによって異なる．再生不良性貧血やエイズなどを対象とする医薬品や医療機器は，医療上の必要性が高いにもかかわらず，患者数が少ないことにより，開発リスクが高く発売しても利益が見込めないなどの理由で，研究開発が後回しにされがちである．この問題を解決するため，厚生労働省はオーファンドラッグとして認めたものについては，承認審査の優先，再審査期間の延長，助成金などの優遇措置をとっている．

オーファンプロダクツ（orphan products）は，オーファンドラッグの福祉機器・医療機器版といえ，利用者が数万人未満の障害者を対象にした機器である．発症原因が不明で，治療方法が確立していないなど，治療がきわめて困難であり，かつ病状も慢性に経過し，後遺症を残して社会復帰が極度に困難もしくは不可能な疾病は**難病**（intractable disease）と呼ばれる．日本では難病のうち症例が少なく全国的規模での研究が必要な疾患を**特定疾患**と定義している．特定疾患は2006年現在で121疾患あり，そのうち**図4.31**に示す45疾患の医療費は公費負担助成の対象となっている．パーキンソン病（Parkinson's disease，10万人に100人），ハンチントン病（Huntington's disease，10万人に4～8人），筋萎縮性側索硬化症（amyotrophic lateral sclerosis，ALS，毎年10万人に1人が発症）などの神経・筋疾患者や**頸髄損傷者**（2004年末の体幹の身体障害者手帳1級交付数が1万2000人，頸髄損傷以外の原因も含む）のための福祉機器は，市場規模が小さく，また利用者の心体的特徴が多義にわたるため，ユニバーサルデザイン化が困難である．さらに，医療費が高額であるという経済的問題や，介護など精神的負担の問題を伴っている．

つまり，オーファンプロダクツとは，福祉機器と医療機器における他品種少量生産の注文生産品のことである．個人で使用され，身体へのフィッティング

4.5 ユニバーサルデザインと福祉機器　139

消化器系疾患
潰瘍性大腸炎
クローン病
原発性胆汁性肝硬変
重症急性膵炎
難治の肝炎のうち劇症肝炎
バッド・キアリ症候群

皮膚・結合組織疾患
強皮症
混合性結合組織病
神経線維腫症
天疱瘡
膿疱性乾癬
表皮水疱症（接合部型および栄養障害型）

骨・関節系疾患
後縦靱帯骨化症
広範脊柱管狭窄症
特発性大腿骨頭壊死症

スモン
スモン

免疫系疾患
悪性関節リウマチ
ウェゲナー肉芽腫症
結節性動脈周囲炎（結節性多発動脈炎）
全身性エリテマトーデス
大動脈炎症候群（高安動脈炎）
ビュルガー病
ベーチェット病

代謝系疾患
アミロイドーシス

視覚系疾患
網膜色素変性症

循環器系疾患
特発性拡張型（うっ血型）心筋症
ライソゾーム病（ファブリー病）

呼吸器系疾患
原発性肺高血圧症
サルコイドーシス
特発性間質性肺炎
特発性慢性肺血栓塞栓症

神経・筋疾患
亜急性硬化性全脳炎（SSPE）
筋萎縮性側索硬化症（ALS）
重症筋無力症
脊髄小脳変性症
多系統萎縮症
　1）オリーブ橋小脳萎縮症
　2）シャイ・ドレーガー症候群
　3）線条体黒質変性症
多発性硬化症
パーキンソン病関連疾患
　1）進行性核上性麻痺
　2）大脳皮質基底核変性症
　3）パーキンソン病
ハンチントン病
副腎白質ジストロフィー
プリオン病
　1）クロイツフェルト・ヤコブ病（CJD）
　2）ゲルストマン・ストロイスラー・
　　シャインカー病（GSS）
　3）致死性家族性不眠症（FFI）
モヤモヤ病（ウィリス動脈輪閉塞症）
ライソゾーム病（ファブリー病を除く）

血液系疾患
原発性免疫不全症候群
再生不良性貧血
特発性血小板減少性紫斑病

図4.31　特定疾患に指定されている難病のうち医療費が公費負担助成の対象となる45疾患

を要し，公的資金により給付されるのが普通で，障害のない人にはかえって使いにくい製品となる。

図 4.32 は，一般製品，ユニバーサルデザイン，オーファンプロダクツ，医療機器と国際規格の関係を示す。オーファンプロダクツには，福祉機器と医療機器の両方が含まれることから，医療機器に隣接して示されている。一方，ユニバーサルデザインは，一般製品と福祉機器をつなぐ役割を担っているので，一般製品に隣接して示されている。その結果，一般製品と医療機器は，二つの対極に位置することとなり，その間をユニバーサルデザインとオーファンプロダクツが埋めることとなる。すべての福祉機器をユニバーサルデザインで置き換えることは難しく，福祉機器にはオーファンプロダクツも必要である。そして，一般製品に近付くほど市場性が向上し，遠ざかるほど個人の生体への適合性が向上することとなる。

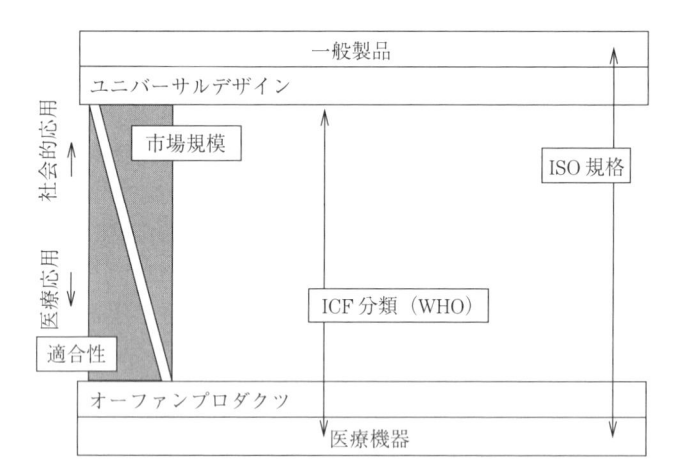

図 4.32　一般製品，ユニバーサルデザイン，オーファンプロダクツ，医療機器と国際規格の関係（Yamauchi S.：Components of Assistive Engineering, Proc. International Symposium on the Development of Orphan Products (ISDOP 2006), (2006) から引用）

福祉機器の規格としては，**ISO 規格**（1.4.1 項）と **ICF 分類**（1.4.2 項）が挙げられる。これらの矢印の長さのわずかな違いに注意されたい。ICF 分類は，ユニバーサルデザインを含まないが，ISO 規格はユニバーサルデザイン

だけでなく一部の一般製品（**眼鏡**など）も含む．また，両者とも一部の医療機器を含んでおり，その具体例としては**血圧計**や**吸入器**，**ストーマ**などの在宅医療用具が挙げられる．

演 習 問 題

1. ケアマネジメントとはなにか，説明せよ．
2. ストレングス視点について説明せよ．
3. ロン・メイスが提唱したユニバーサルデザインの7原則のうち，三つを挙げよ．
4. （ a ）〜（ e ）に当てはまる適切な語句を，以下よりおのおの一つ選んで記入せよ．

    一般的な機器やサービスにおいて，健常者だけでなく（ a ）や高齢者も使用できる機能も含めるという工学的設計思想は日本語で（ b ）と呼ばれており，米国では（ c ）という．これは，「どこでも，だれでも」利用できる機器やサービスを提供することを原則としており，従来の福祉機器が抱えていた（ d ）という問題を解決するための重要な方策である．この考え方はあらゆる商品に広がりつつあり，例えば盲導犬マークやウサギマークを表示した（ e ）もその一つである．

公共品　　共用品　　介護者　　障害者　　ユニバーサルデザイン　　バリアフリー　　高コスト　　情報不足　　低コスト　　玩具　　福祉機器　　プリペイドカード

5. （ a ）〜（ e ）に当てはまる適切な語句を，以下よりおのおの一つ選んで記入せよ．

    1981年の国際障害者年以降，公共の建築物，交通機関や一般住宅とその設備などが，障害者の利用を考慮した（ a ）の観点から整備されるようになってきた．また，社会の急速な高齢化に伴って，加齢に伴う運動能力や感覚器官などの機能低下を考慮して（ b ）などの専用品についても（ a ）の観点での見直しが進んだ．1990年代に入ると，障害者や高齢者の社会参加や（ c ）の向上と関連して，日常生活やレクリエーション活動，職業や教育などでだれでも利用できる（ d ）へのニーズが高まってきた．このような，日常生活における物理的環境に対する改善の動きの背景としては，米国における（ a ）から（ d ）への概念の変化，すなわち（ e ）が大きな影響を与えている．

> 福祉機器　　リハビリテーション　　バリアフリーデザイン　　汎用品
> ユニバーサルデザイン　　コミュニケーション　　参加支援　　パラダイ
> ムシフト　　QOL　　医療機器

6．ユニバーサルデザイン，およびオーファンプロダクツとはなにか，両者を比較しながら説明せよ。

7．自分の身の回りにあるユニバーサルデザインを一つ見つけ，それについてつぎの事項をまとめよ。

　1）　どのような身体機能の低下や障害のある人が，どのようなメリットを受けるか考察せよ。

　2）　ユニバーサルデザインのために，一般人にとっては使いづらくなっていないか述べよ。

付　録

福祉にかかわる資格

　医療・福祉分野には，さまざまな資格を持つ専門家が従事している。ここでは，それらの資格を医療系と福祉系に分けて紹介し，この分野がじつに多様な専門知識によって支えられていることを理解するための一助としたい。

1　医療系の資格

　国家資格である医師，歯科医師，薬剤師，看護師は，専門養成機関として医学部，歯学部，薬学部，看護学部などの大学・学部が整備されており，情報も豊富である。よって，これら以外の主要な医療系の資格を，国家資格を中心に列挙する（**付表1**）。なお，厚生労働省が実施する病院報告や衛生行政報告において「医療関係者」に挙げられている資格には，●印を付した。

付表1　医療系の資格

（五十音順）

資格の名称[1]	認　定[2]	受験資格[3]	期　間[4]	有資格者数[5]
●あん摩マッサージ指圧師	国	高校卒業後，指定の養成機関に就学し，必要な知識・技能を修得。	3年	17万人
移植コーディネーター	民	医師，薬剤師，看護師などの国家資格を持っていること。	—	約70人
医療情報担当者（MR）	民	おもに，製薬会社などに入社し，その認定試験を修了した者。	—	約8万人
カイロプラクター	民	養成学校を卒業すれば資格を与えられるところが多い。	2か月	—
●管理栄養士	国	栄養士免許を受けた後，実務経験1年以上。	栄養士＋1年	約8万人
●救急救命士	国	高校卒業後，指定の養成機関に就学し，必要な知識・技能を修得。	2年	2万7000人

付表1 (つづき)

資格の名称[*1]	認定[*2]	受験資格[*3]	期間[*4]	有資格者数[*5]
●きゅう師	国	高校卒業後,指定の養成機関を卒業。	3年	12万2000人
●義肢装具士	国	高校卒業後,大学など指定の養成機関に就学し,必要な知識・技能を修得。	3年	3000人
●言語聴覚士	国	高校卒業後,指定の養成機関に就学し,必要な知識・技能を修得。	3年	9000人
細胞検査士	民	専門学校,短大もしくは大学卒業後,指定の養成機関に就学し,必要な知識・技能を修得。	6か月	6000人
●歯科衛生士	国	高校卒業後,指定の養成機関(歯科衛生士学校など)を卒業。	2年	19万人
●歯科技工士	国	高校卒業後,指定の養成機関(歯科技工士学校など)を卒業。	2年	3万5000人
●視能訓練士	国	高校卒業後,指定の養成機関(視能訓練士養成校など)に就学し,必要な知識・技能を修得。	3年	6000人
●助産師	国	女性のみ受験可で,看護師免許を受けた後,指定の養成機関に就学し,必要な知識・技能を修得。	看護師+1年	2万4000人
●診療放射線技師	国	高校卒業後,指定の養成機関に就学し,必要な知識・技能を修得。	3年	6万人
●柔道整復士	国	日本独特の医療技術。高校卒業後,指定の養成機関に就学し,必要な知識・技能を修得。	3年	4万6000人
●はり師	国	高校卒業後,指定の養成機関を卒業。	3年	12万3000人
放射線取扱主任者	国	だれでも受けられる。放射線取扱主任者試験合格後に数日間の講習を受講し,その修了試験にも合格。	—	5万5000人(1種+2種)
●保健師	国	看護師免許を受けた後,指定の養成機関に就学し,必要な知識・技能を修得。	看護師+1年	12万5000人
医療事務技能審査試験(メディカルクラーク)	公	実務経験6か月以上,もしくは指定の教育訓練。	6か月	37万人
●臨床検査技師	国	高校卒業後,指定の養成機関(臨床検査技師養成所など)を卒業。	3年	15万5000人

付表1 （つづき）

資格の名称[*1]	認 定[*2]	受験資格[*3]	期 間[*4]	有資格者数[*5]
●臨床工学技士	国	高校卒業後，指定の養成機関（臨床工学技師養成所など）に就学し，必要な知識・技能を修得。	3年	1万9000人

*1：作業療法士，理学療法士は社会福祉系に記載。
*2：資格について試験制度を規定した法律がある国家資格を「国」，省庁が認定した審査基準を基に民間団体や公益法人などが実施する公的資格を「公」，試験に関する法律や条例がなく企業や民間団体が独自の審査基準を設けて実施する民間資格を「民」と表示。
*3：受験資格を得るために複数の方法から選択できる資格がほとんどである。ここではおもな方法を示した。指定の養成機関には，養成校だけでなく専修学校，短大，大学が含まれることが多く，指定の大学卒で受験資格が得られる資格がほとんどである。
*4：受験条件を満たすまでに最低限必要な期間の目安で。指定の養成機関がある場合，その就学年数も含む。現有資格など個人の条件により異なる場合も多い。
*5：2003〜2006年の間で発表された概数。

2 社会福祉系の資格

社会福祉系では，介護福祉士，社会福祉士，作業療法士，理学療法士の四つが国家資格で，かつ，いずれかの資格単独で専門業務に従事できる中心的な資格であろう（**付表2**）。なお，厚生労働省が実施する病院報告や衛生行政報告において「医療関係者」に挙げられている資格には，●印を付した。

付表2 社会福祉系の資格

（五十音順）

資格の名称	認 定	受験資格[*1]	期 間[*2]	有資格者数[*3]
●介護福祉士	国	介護現場で3年以上の経験を持つ者や，高校卒業後，指定の養成機関（通信教育もあり）に就学し，必要な知識・技能を修得。	2年	9万人
介護予防運動指導員	民	理学療法士，作業療法士，介護福祉士など，所定の資格を有し，14講座30時間の講義・演習で取得（無試験）。	5日間	5000人
ケアマネージャー（介護支援専門員）	国	看護師，理学療法士，作業療法士，社会福祉士，介護福祉士など，所定の資格を有し，実務経験が5年以上ある者。	—	37万人

付表2 (つづき)

資格の名称	認定	受験資格*1	期間*2	有資格者数*3
健康運動指導士	民	保健師，管理栄養士の有資格者，4年制体育系大学の卒業者か，もしくは看護師，理学療法士など，所定の資格を有し，実務経験が1年以上ある者。	2か月	1万人
●作業療法士 (OT)	国	高校卒業後，指定の養成機関（作業療法士養成校など）に就学し，必要な知識・技能を修得。	3年	2万2000人
●社会福祉士	国	4年制福祉系大学の卒業者，2年制福祉系学校卒業後実務経験が2年以上ある者，もしくは一般大学等を卒業後，指定の養成機関（通信教育もあり）に就学し，必要な知識・技能を修得。	4年	6万人
手話通訳士	公	受験年度に20歳以上となる者。手話ができることが必要。	—	1500人
精神保健福祉士	国	4年制福祉系大学の卒業者や，2年制福祉系学校卒業後実務経験が2年以上ある者。	4年	2万2000人
福祉住環境コーディネーター	民	1～3級に分かれており，2級と3級は受験に制約なし。	—	13万人
訪問介護員（ホームヘルパー）	公	1～3級に分かれており，2級と3級は受験に制約なし。	—	22万人
●理学療法士（PT）	国	高校卒業後，指定の養成機関（理学療法士養成校など）に就学し，必要な知識・技能を修得。	3年	2万2000人
臨床心理士	民	大学卒業後，指定の大学院に就学し，必要な知識・技能を修得。	2年	1万5000人

*1：受験資格を得るために複数の方法から選択できる資格がほとんどである。ここではおもな方法を示した。指定の養成機関には，養成校だけでなく専修学校，短大，大学が含まれることが多く，指定の大学卒で受験資格が得られる資格がほとんどである。
*2：受験条件を満たすまでに最低限必要な期間の目安。指定の養成機関がある場合，その就学年数も含む。現有資格など，個人の条件により異なる場合も多い。
*3：2003～2006年の間で発表された概数。

◇介護福祉士

1）業務内容　日常生活を営むのに支障がある高齢者や障害者の入浴，排泄，食事などの介護を行う。また，本人や介護者に対して，介護に関する指導を行う。

2) おもな職場　特別養護老人ホーム，老人保健施設，病院，認知（痴呆）症グループホーム，身体障害者更生施設，訪問介護事業所など。

◇社会福祉士

1) 業務内容　高齢者や障害者，生活困窮者など，日常生活でさまざまな困難を抱えた人からの福祉に関する相談に応じ，困難を軽減するための助言，指導，その他の援助を行う。高齢者施設では入所・通所の受入れの相談など，病院では入院費や退院後の生活支援・介護保険の利用についての相談など，社会福祉協議会では地域住民からの相談など，仕事内容は多岐にわたる。

2) おもな職場　デイサービスセンター（通所施設），特別養護老人ホーム，老人保健施設，病院，身体障害者更生施設，福祉事務所など。

◇作業療法士（occupational therapy，OT）

1) 業務内容　作業療法とはリハビリテーションの一つで，その視点は日常生活にある。障害者や事故などの後遺症を持つ人を対象に，工作，手芸などの作業，生活動作の訓練などを通して，社会的適応能力や応用動作能力の開発，回復を進める。

2) おもな職場　病院，心身障害者（児）施設，精神科病院，精神障害者施設，市町村保健センターなど。

◇理学療法士（physical therapy，PT）

1) 業務内容　身体障害のある人に対してその能力の回復を図る目的で治療を加える。病気，けが，事故などが原因で後遺症を持つ人や障害者に対して運動療法や物理療法を行い，立ち上がる，歩くといった生活の基本となる動作をできるかぎり可能にする訓練を行う。運動療法とは関節の曲げ伸ばしにより関節の可動範囲を広げたり，バーにつかまって歩行訓練を行うといった体を動かす療法，物理療法とはマッサージや電気，温熱などを用いて痛みをやわらげ，関節の可動範囲を広げるなど生活動作を容易にする療法のことである。

2) おもな職場　病院，心身障害者（児）施設，精神科病院，精神障害者施設，高齢者施設（例えば，デイケア・老人保健施設），市町村保健センターなど。

参 考 文 献

できるだけ，2006年現在で購入できる書籍を中心に記載した．

1章
1) 山口昌樹，新井潤一郎：生命計測工学，コロナ社（2004）
2) 浅井喜代治：現代人間工学概論，オーム社（1995）
3) 舟久保熙康，初山泰弘監修：福祉工学，産業図書（1995）
4) 長町三生：感性工学，海文堂（1989）
5) 杉　晴夫編著：人体機能生理学，南江堂（2003）
6) 青山英康監修：今日の疫学，医学書院（2005）
7) 徳田哲男，児玉桂子編：福祉機器と適正環境，中央法規（1998）
8) 岩倉洋一郎，佐藤英明，館　鄰，東條英昭編：動物発生工学，朝倉書店（2002）
9) クレール・アンブロセリ著，中川米造訳：医の倫理，白水社（1993）
10) 津谷喜一郎，光石忠敬，栗原千恵子訳：ベルモント・レポート，Clinical Evaluation, 28(3), pp.559〜568（2001）

2章
1) 中島義明，太田裕彦（編）：フロンティア人間科学，放送大学教育振興会（1998）
2) 菅野盾樹：人間学とは何か，産業図書（1999）
3) 世界保健機構（WHO）：ICF 国際生活機能分類　国際障害分類改訂版，中央法規（2002）
4) 江草安彦（監），岡田喜篤，末光　茂，鈴木康之（編）：重症心身障害療育マニュアル第2版，医歯薬出版（2005）
5) 山﨑泰彦，鈴木眞理子：新体系看護学14　社会福祉，メヂカルフレンド社（2006）
6) 柳澤　忠監修：健康デザイン―健康をサポートする環境づくり―，医歯薬出版（2000）

7) 長谷川　浩編：系統看護学講座　別巻12　精神保健福祉，医学書院（2002）

3章

1) セキュリティとセンシング調査研究委員会編：安全・安心のためのセンサ技術，海文堂（2006）
2) 楠田喜宏：自動化システム心得ノート，日刊工業新聞社（1998）
3) 大川嗣雄，伊藤利之，田中　理，飯島　浩：車いす，医学書院（1987）
4) ローリー・クーパー著，大鍋寿一監訳：車いすのヒューマンデザイン，医学書院（2000）
5) ベンクト・エングストローム著，高橋正樹，中村勝代，光野有次訳：からだにやさしい車椅子のすすめ，三輪書店（1994）
6) 足立芳寛監修，後藤芳一編著：バリアフリーのための福祉技術入門，オーム社（1998）
7) 伊福部　達：音の福祉工学，コロナ社（1997）
8) 河野正司監訳：唾液　歯と口腔の健康，医歯薬出版（1997）
9) 野村みどり編：バリアフリーの生活環境論第3版，医歯薬出版（2004）
10) 東京商工会議所：新版　福祉住環境コーディネーター検定試験　2級公式テキスト，社会保険研究所（2007）
11) 内閣府：障害者白書，平成18年版，社会福祉法人東京コロニー（2006）
12) 柳澤　忠監修：健康デザイン―健康をサポートする環境づくり―，医歯薬出版（2000）
13) 福祉士養成講座編集委員会編：社会福祉原論，中央法規出版（2006）
14) 日本障害者スポーツ協会：みんなで楽しむ！　障害者スポーツ4，学習研究社（2004）

4章

1) 吉川武彦：改訂3版　精神保健マニュアル，南山堂（2003）
2) 原田克己，大和田　猛，島津　淳：福祉政策論，医歯薬出版（2003）
3) 内閣府：障害者白書，平成18年版，社会福祉法人東京コロニー（2006）
4) 梶本久夫監修：ユニバーサルデザインハンドブック，丸善（2003）
5) （財）共用品推進機構：共用品白書，2003年版，ぎょうせい（2003）

演習問題の解答

1章

1. 福祉工学とは，福祉のために利用される工学的なアプローチの総称である．障害者や高齢者が，社会により良く適応できるようにするために，工学的な方法によって，喪失もしくは低下した運動能力や感覚器官などの身体機能を補償する商品，もしくは介護，看護のために用いられる商品の研究開発や運用を行うための学問である．この商品には，機器だけでなく，ソフトウェアやシステムも含まれる．

2. 福祉分野における QOL としては，下記の事項が挙げられる．
   1） 身体的健康の維持と増進
   2） 社会的自立：衣食住だけでなく，余暇も含めた生活動作の自由
   3） 精神的自立：個人的な信条・価値観を認める精神生活の保障
   4） 社会参加：家族，地域，社会とのコミュニケーションを通した社会生活への参加

3. 長寿，福祉社会を実現するためには，①社会参加，②快適な生活，③健康管理と障害や病気の克服が重要である．よって，3大目的としては，これらに対応するために，①社会活動の支援，②生活の支援，③生命の支援の三つが挙げられる．社会活動の支援としては，就業訓練やスポーツのための機器，生活の支援としては排泄，入浴，食事のための機器，生命の支援としては，医療行為の支援，生体計測のための機器などが挙げられる．

4. a：身体機能，b：QOL，c：人間工学，d：心理的，e：サーカディアンリズム

5. 従来，行われてきた人工臓器工学に基づいた臓器開発は，人工物を生体内に埋め込み，臓器機能を代行させるという方法論であった．新しいティッシュエンジニアリングは，患者の組織の一部を取り出して，体外で人工物の周りに増殖させ，しかる後に患者に埋め込み，機能を代行させるという方法論である．すなわち，生体の持っている再生機能を助成もしくは利用する点では本質的に変わらないともいえる．しかし，抱える技術的課題はまったく異なり，例えば人工臓器工学では人工物に対する生体の拒絶反応，ティッシュエンジニアリングでは臓器の持つ三次元構造をいかにして実現するかなどである．

2章

1. 人間科学とは，現実に生き存在する人間を総合的にとらえようとする学問の領域と定義付けられている。具体的には長い科学の歴史の中で，今日に至るまで，進歩するにしたがって細分化されてきた学問領域を統合し，総合的に人間をとらえ直そうという試みでもある。したがって，医学，生理学，宗教学，哲学など多くの専門領域がここにかかわっている。

2. a：18歳，b：都道府県知事，c：身体障害者手帳，d：統合失調症，e：知的障害

3. バイタルサインなどの基本的な生体情報は人体の病的状態との関連について古くから研究され，現在多くの知見の集積が行われている。したがって，これらのサインを収集し，評価することで人体の病的状態を理解し，治療方法の選択や治療効果の判定に結び付けることができる。近年の脳の画像評価に関連した中枢神経系を中心とした生体情報計測は，障害や疾患の発見という側面のみならず，人間の状態像の理解・把握といった面における貢献もきわめて大きい。

4. ICFでは，障害は一つの人間の個性であるととらえ，社会的不利（handicap）軽減の手段を原因となった疾患や傷害ではなく，社会の側の改善に求めるいわゆる「**社会モデル**（social model）」の考え方を取り入れ，医学モデルとの統合を目指し，障害が「ある」か「ない」か，ではなく，人の生活機能を健康状態と背景因子（環境因子と個人因子）の相互作用によるダイナミズムの中でとらえられる相対的なものと考えた。

5. 医学モデルとは，疾患により機能・形態障害が発生し，そのことが社会において活動していく能力の制限としての障害を引き起こし（能力障害），必然的にその社会における生活上の困難さ（社会的不利）に結び付くという障害の連鎖を階層的に把握する考え方。疾患になりさえしなければ社会的不利は生じない，疾患による機能・形態障害がリハビリなどにより治癒すれさえすれば社会的不利は消滅するという考え方ととらえることもできる。

　　社会モデルとは，障害は一つの人間の個性であるととらえ，社会的不利軽減の手段を原因となった疾患や傷害ではなく，社会の側の改善に求める考え。ある疾患を持つ人が社会的不利な状況下に陥るとすれば，その原因は主としてその疾患を持つ人に対する社会の対応が不十分であるためという考え。

6. 超重度障害児（超重症児）とは，日常的に濃厚医療，濃厚介護を生命維持のために要する小児のことで，主として人工呼吸器や気管内挿管や気管切開による呼吸管理，食事機能の低下に伴う経管栄養，経口全介助，その他，導尿や体位交換その他の介護の内容などに多くの介入が必要な場合が多い。寝たきり状態

で，四肢麻痺，高度の知的障害を伴うことが多く，おもな原因としては先天性の奇形，奇形症候群，周産期の重度仮死，乳幼児期の溺水，窒息や心肺停止後などの低酸素性脳障害などの重度の脳障害によるものが多い。

3章

1. キャンバー角とは，車いすを正面から見たときのタイヤの取り付け角度のことであり，車いすではハの字形にし，2〜4°程度にするのが一般的である。キャンバー角を設けると，自走式車いすでは手が体に近い位置で操作できるため旋回が容易となる。また，重心が低下して安定性が増す。
2. 脳神経機能，声帯，舌，唇，呼吸機能などの発声機能，聴覚機能のいずれかに問題が生じ，言語によるコミュニケーションがうまく行えないこと。具体的には，聴覚障害，言語障害と，それらに影響を与える知覚障害が原因している。日本では，聴覚障害と言語障害を併せて約35万人の患者がいる。
3. 寝具，トイレ，風呂，キッチンなど，日常生活に欠かせない用具の高さを車いすの高さにあわせ，移動や操作を容易にする。ただし，例えば乳幼児が同居している場合には，浴槽の高さが低くなったことで水の事故の危険性が増すことなどに気を付ける必要がある。
4. デンマークのB. ミッケルセンによって提唱されたもので，障害のある人たちを，健常者と同じ機能を持つまでに回復させることがノーマルにすることではなく，障害を持ったままでも健常者となんのそん色もなく，日常生活が送れるような生活環境や条件を整備することがノーマルにすることであるという考え方。
5. 国際障害者年（1981年）→ 障害者基本法（1993年）→ ハートビル法（1994年）→ 障害者プラン（1995年）→ 交通バリアフリー法（2000年）→ バリアフリー新法（2006年）

4章

1. 障害者や高齢者が地域で希望した生活を維持・継続していく上で阻害するさまざまな生活課題（ニーズ）に対し，生活の目標や，課題解決を達成する道筋と方向を明らかにしながら，地域にある資源の活用，改善・開発を通して，総合的かつ効率的に課題解決を図っていくプロセスのことである。
2. その人にとって生活のしづらさの側面だけでなく，プラスの側面や健康的な側面にも着目し，本来持っている強さや潜在能力（得意なこと，趣味等）を引き出すこと。

3. つぎのうちから三つを挙げる。
   公平な利用
   利用における柔軟性
   単純で直感に訴える利用
   わかりやすい情報
   間違いに対する寛容さ
   少ない身体的負担
   利用者の観点に立った規模や空間
4. a：障害者，b：共用品，c：ユニバーサルデザイン，d：高コスト，e：玩具
5. a：バリアフリーデザイン，b：福祉機器，c：QOL，d：ユニバーサルデザイン，e：パラダイムシフト
6. ユニバーサルデザインとは，特別な改造や特殊な設計をせずに，すべての人が，可能な限り最大限まで利用できるように配慮された，製品や環境のデザインである。オーファンプロダクツとは，福祉機器と医療機器における他品種少量生産の注文生産品のことである。個人で使用され，フィッティングを要し，公的資金により給付されるのが普通で，障害のない人には使いにくい。よって，すべての福祉機器をユニバーサルデザインで置き換えることは難しく，福祉機器にはオーファンプロダクツも必要である。
7. 解答例なし。

工学索引（和文・英文）

【あ】

アクセシビリティ	66
アクセシブルテクノロジー	66
アクセシブルデザイン	127
アナログ補聴器	78
アリストテレス	27
安　心	51
安　全	51

【い】

医学モデル	44
1　級	33
一般製品	129
移　動	106
医の倫理	21
医　療	3
医療機器	3
インクルーシブデザイン	127
陰性症状	41
インフォームドコンセント	23

【う】

ヴェサリウス	27
運動野	73

【え】

エイジング	10
疫　学	10
N．バンク-ミッケルセン	84
エンパワーメント	31,115

【お】

横断研究	11
大島の分類	48
オクソ社	129
音の大きさのレベル	75
音の強さ	75
音の強さのレベル	75
オーファンドラッグ	138
オーファンプロダクツ	61,138
オペレーティングシステム	66
音　波	74

【か】

介護福祉士	108
介護福祉士法	108
介護保険制度	122
概日リズム	10
蝸　牛	75
拡大鏡	35
活　動	32
加　齢	10
感音障害	38
感　覚	7
感情鈍麻	42
感　性	7
感性工学	7
完全参加と平等	85

【き】

器　官	18
義　肢	13
義　手	4
義　足	4
機能・形態障害	43
機能障害	30
キメラ	19
キャンバー（角）	56
吸入器	141
共用品推進機構	130
筋電計	59

【く】

空気伝導式補聴器	78
グッドグリップ	129
車いす	6,7,54
車椅子	7
車イス	7

【け】

ケアマネジメント	101
頸髄損傷者	138
頸椎損傷者	93
血圧計	141
ゲノム疫学	11
言　語	64
言語聴覚士	65
言語聴覚障害	65
建　築	103
幻　聴	41

【こ】

構音障害	65
工　学	2
公共交通機関	87,106
亢　進	69
厚生労働省	4
交通バリアフリー法	87,106

工学索引（和文・英文） 155

高度情報通信ネットワーク	失語症 65	【す】
社会形成基本法 66	自動車補助装置 60	
高齢者	自 閉 42	スウェーデン 84
2,87,88,103,106,132	社会からの偏見や差別に	ストーマ 13,141
五感センシング 71	よる障害 42	ストレス対処 98
国際障害者年 85	社会資源 109	ストレングス 102
国際障害分類 30,43	社会生活においても，不利	
国際障害分類第2版 32	30	【せ】
国際単位系 7	社会的不利 43	生活の仕方における障害
国際標準化機構 15,86	社会福祉協議会 109	42
国立障害者リハビリテーショ	社会福祉士 108	生活の質 4,85
ンセンター研究所 4	社会福祉士法 108	生活のしづらさ 100
心のバリアフリー 87	社会福祉法 110	精神疾患 100
心のバリアフリー化	社会福祉法人 109	精神障害者 33,110
103,112	社会モデル 44	精神障害者福祉 112
互 助 1	弱 視 35	精神保健 112
個別援助技術 108	視野障害 35	精神保健福祉士 108
コミュニケーション 6,64	重症心身障害者 29,67	精神保健福祉法 112
コミュニケーション	集団援助技術 108	制度面のバリアフリー 87
関連用具 65	縦断研究 11	制度面のバリアフリー化
コミュニティーワーク 108	就労継続支援事業所（B型）	107,125
	110	生物リズム 10
【さ】	純 音 75	生命倫理 21
再生医学 19	障害者 2,88,106	晴盲共遊玩具 137
再生医工学 19	障害者基本法 42,85,110	世界保健機関 15,30
再生医療 19	障害者自立支援法 110	脊髄損傷 92
サイボーグ 59	障害者白書 87	脊髄損傷患者 74
サーカディアン 9	障害者プラン 85	前頭葉 73
サーカディアンリズム 10	小規模通所授産施設 110	全能性 19
参 加 32	冗長な設計 52	
	商 品 3	【そ】
【し】	情報技術 66	臓 器 18
視 覚 7	触 覚 7	装 具 13
視覚障害 33,86,102	視力障害 35	双頂型 12
思考奪取 41	人工内耳 76,80	組織工学 19
自己効力感 114	身体障害児（者） 54	ソーシャルサポート 100
四肢麻痺者 92	身体障害者	ソフトウェア 64
自然科学 28	33,87,103,106,110	
自走式車いす 56	身体障害者手帳 33,111	【た】
肢体障害者 54	身体障害者福祉法	体性感覚 7
肢体不自由 33	4,76,110	ダーウィンの進化論 27
肢体不自由者 30,33	心電図 68	ダウン症 40
疾 患 43	心拍数 68	単頂型 12

〖ち, つ〗

地域援助技術	108
知的障害者	33,110
知的障害者福祉法	111
中央演算処理装置	53
聴　覚	7
聴覚障害	38,76
聴覚障害者	33
超重症児	48
超重度障害児	48
聴性脳幹インプラント	76
通所介護	122

〖て〗

デイサービス	122
ティッシュエンジニアリング	19
定量化	7
テクノエイド協会	17
デザイン	127
デジタル補聴器	78
データベース	63
伝音障害	38
点　字	35,65
電動車いす	57
デンマーク	84

〖と〗

統合失調症	41
特定非営利活動法人	109
ドナー	18

〖な〗

内臓感覚	7
内部障害	33
難　聴	38,65,76

〖に〗

日常生活動作	85,90
日本福祉用具評価センター	18
ニュルンベルク綱領	23
ニューロン	73
人間科学	26,54
人間工学	4

〖の〗

脳血管障害	31
脳性麻痺	30,94
脳　波	68
能力障害	43
能力の低下	30
ノースカロライナ州立大学	127
ノーマライゼーション	84,108,110
ノーマライゼーション7か年戦略	85
ノーマライゼーションの父	84
ノンバーバルコミュニケーション	64,67

〖は〗

バイオマーカー	67
胚性幹細胞	19
バイタルサイン	28
胚盤胞	19
白　杖	35
働くことの障害	42
発生工学	19
発達障害者	33
ハードウェア	64
ハートビル法	63,86,103
ハブ	56
バリアフリー新法	88,106
バリアフリー製品	137
バリアフリー分野	39
パワーアシスト	57
ハンドリム	55

〖ひ〗

被害妄想	41
人づきあいの仕方における障害	42

B. ニルジェ	84
ヒポクラテスの誓い	21
ヒューマン-マシンインタフェース	4

〖ふ〗

フェイルセーフ設計	52
フォールトトレラント設計	53
福　祉	1
福祉機器	2
福祉工学	3
福祉自動車	60
福祉車両	60
物理的バリアフリー	87
プリペイドカード	130
フールプルーフ設計	53,129
ブレイン-マシンインターフェース	73
文化・情報面のバリアフリー	87

〖へ〗

ヘルシンキ宣言	23
ベルモントリポート	24

〖ほ〗

ホイールベース	56
ポケット形補聴器	78
補聴器	4,39,76
骨伝導式電話機	66
骨伝導式補聴器	78
ポリオ	33
ホン	75

〖ま〗

まとめる力の障害	42

〖み〗

味　覚	7
耳穴形補聴器	78
耳かけ形補聴器	78

【む，め】

無認可の小規模作業所	110
眼　鏡	141

【も】

盲	35
妄　想	41

【や】

薬事法	4
宿　主	19

【ゆ】

誘導用ブロック	86
ユニバーサルインターフェース	66
ユニバーサルデザイン	12,53,62,127
ユニバーサルデザインセンター	127

【よ】

陽性症状	41

【ら，り】

ライフサイクル	134
リカバリー	119
リハビリテーション医療	73
リハビリテーション工学	4
倫理審査	24
倫理審査委員会	24

【る】

ルイ・ブライユ	35
ルネサンス	54
ルネサンス期	27

【れ】

レオナルド・ダ・ビンチ	27
レクリエーション	7
連合弛緩	42

【ろ】

聾	38,76
老　化	10
6　級	33
ロン・メイス	127

【A】

activities of daily living	85
activity	32
ADL	85

【B】

B. Nirje	84
braille	35

【C】

care management	101
case work	108
CCTA 95	17
cerebral palsy	94
cerebrovascular disease	31
community work	108
CP	94
cripple	30
CVD	31

【D】

design for all	127
disabilities	30

【E】

ECG	68
EEG	68
empowerment	115

【G, H】

GIDEI	67
group work	108
handicaps	30

【I】

ICF	15
ICF分類	74,140
impairments	30
ISO	15,86
ISO規格	74,140
IT	66
IT基本法	66

【J, L】

JIS規格	131
Louis Braille	35

【M】

Macintosh	67
mental disease	100

【N】

N. Bank-Mikkelsen	84
Non-Profit Organization	109
normalization	84
NPO法人	109

【P】

participation	32
polio	33

〖Q〗

QOL	4,50,85
quality of life	85

〖R, S〗

recovery	119
schizophrenia	41
self efficacy	114
SI	7
SMID	48
social resources	109
social support	100
spinal cord injury	92
strength	102
stress coping	100

〖T, W〗

TAS	67
WHO	15,30,76
Windows 95	66

〖ギリシャ文字〗

α-アミラーゼ	68

看護学索引（和文・英文）

【あ，い】

- アクセシビリティ 66
- 医学モデル 44
- 胃チューブ 67
- 移動 106
- 医の倫理 21
- 医療 3
- 医療機器 3
- 医療処置 67,69
- 陰性症状 41
- インフォームドコンセント 23

【え】

- エイジング 10
- 栄養管理 48
- 疫学 10
- N. バンク-ミッケルセン 84
- エンパワーメント 115

【お】

- 横断研究 11
- 大島の分類 48
- オストミー 13
- オーファンドラッグ 138
- オーファンプロダクツ 61,138

【か】

- 介護 3
- 介護福祉士法 108
- 介護保険制度 122
- 概日リズム 10
- 活動 32
- 加齢 10
- 感音難聴 76
- 感覚 7
- 看護 3
- 感情鈍麻 42
- 完全参加と平等 85
- 感染症コントロール 48

【き】

- 気管カニューレ 67
- 気管切開 48
- 義肢 13
- 機能・形態障害 43
- 機能障害 30
- 急性 69
- 吸入器 141
- 筋電計 59

【く】

- 車いす 7,54
- 車椅子 7
- 車イス 7

【け】

- ケアマネジメント 101
- 頸髄損傷者 138
- 血圧計 141
- 言語 64
- 言語聴覚士 65
- 言語聴覚障害 65
- 建築 103
- 幻聴 41

【こ】

- 構音障害 65
- 交感神経-副腎髄質系 68
- 後期高齢者 132
- 公共交通機関 87,106
- 亢進 69
- 厚生労働省 4
- 交通バリアフリー法 87,106
- 高齢者 2,87,88,103,106,132
- 国際障害者年 85
- 国際障害分類 30,43
- 国際障害分類第2版 32
- 心のバリアフリー 87
- 互助 1
- 個別援助技術 108
- コミュニケーション 6,64
- コミュニティーワーク 108

【さ】

- 再生医学 19
- 再生医療 19
- サーカディアン 9
- サーカディアンリズム 10
- 参加 32

【し】

- 思考奪取 41
- 自己効力感 114
- 自助具 2
- 肢体不自由者 30
- 疾患 43
- 失語症 65
- 児童 134
- 自閉 42
- 社会参加 13
- 社会資源 109

社会生活においても，不利 30
社会的不利 43
社会福祉協議会 109
社会福祉士法 108
社会福祉法 110
社会福祉法人 109
社会モデル 44
重症心身障害者 29,67
集団援助技術 108
縦断研究 11
就労継続支援事業所（B型） 110
障害者 2,88,106
障害者基本法 85,110
障害者自立支援法 110
障害者白書 87
障害者プラン 85
消化酵素 69
小規模通所授産施設 110
自　立 13
神経性難聴 76
人工内耳 76
人口ピラミッド 133
身体障害者 87,103,106,110
身体障害者手帳 4,33
身体障害者福祉法 4,76,110
心電図 68
心拍数 68

【す】
ストーマ 13,141
ストレス対処 98
ストレングス 102

【せ】
生活の質 4,85
生活のしづらさ 100
生産年齢 134
成　熟 10
精神疾患 100

精神障害者 110
精神障害者福祉 112
精神保健 112
精神保健福祉士 108
精神保健福祉法 112
制度面のバリアフリー 87
生物リズム 10
生命倫理 21
晴盲共遊玩具 137
脊髄損傷 92
脊髄損傷患者 74
前期高齢者 132

【そ】
装　具 13
ソーシャルサポート 100

【ち】
地域援助技術 108
知的障害者 110
知的障害者福祉法 111
聴覚障害 38,76
超重症児 48
超重度障害児 48
聴性脳幹インプラント 76

【つ，て】
通所介護 122
デイサービス 122
伝音難聴 76
点　字 35
電動車いす 57
デンマーク 84

【と】
統合失調症 41
特定疾患 138
特定非営利活動法人 109

【な】
難　聴 65,76
難　病 138

【に】
日常生活援助技術 2
日常生活動作 85
乳幼児 134
ニュルンベルク綱領 23
ニューロン 73
人間科学 26
人間工学 4

【の】
脳血管障害 31
脳性麻痺 94
脳　波 68
能力障害 43
能力の低下 30
ノーマライゼーション 84
ノーマライゼーション7か年戦略 85
ノンバーバルコミュニケーション 64,67

【は】
バイオマーカー 67
バイタルサイン 28
発　生 10
ハートビル法 63,103
バリアフリー新法 88,106
バリアフリー製品 137

【ひ】
被害妄想 41
非侵襲的 68
B.ニルジェ 84
ヒポクラテスの誓い 21

【ふ】
福　祉 1
福祉工学 3
福祉用具 2
物理的バリアフリー 87
文化・情報面のバリアフリー 87

【へ】

ヘルシンキ宣言	23
ベルモントリポート	24

【ほ】

補装具	2
補聴器	76
ポリオ	33

【む，め，も】

無認可の小規模作業所	110
眼　鏡	141
妄　想	41

【や，ゆ，よ】

薬事法	4
ユニバーサルデザイン	12,53,62
陽性症状	41

【ら，り】

ライフサイクル	134
リカバリー	119
リハビリテーション医療	73
リハビリテーション工学	4
倫理審査	24
倫理審査委員会	24

【る，れ】

ルイ・ブライユ	35
レクリエーション	7
レスピレータ	48
連合弛緩	42

【ろ】

聾	76
老　化	10
老年（従属）人口指数	133
老年人口	133

【A，B】

activity	32
ADL	85
braille	35

【C，D】

care management	101
case work	108
community work	108
disabilities	30

【E】

ECG	68
EEG	68

empowerment	115

【G，H，I，M】

group work	108
handicaps	30
impairments	30
mental disease	100

【N】

Non-Profit Organization	109
NPO法人	109

【P，Q，R】

participation	32
QOL	4,50,85
recovery	119

【S，W】

schizophrenia	41
self efficacy	114
SMID	48
social resources	109
social support	100
strength	102
stress coping	100
WHO	76

【ギリシャ文字】

α-アミラーゼ	68

―― 著者略歴 ――

山口　昌樹（やまぐち　まさき）
1987 年　信州大学大学院修士課程修了
1987 年　ブラザー工業株式会社勤務
1994 年　信州大学大学院博士後期課程修了，博士（工学）
1995 年　東京農工大学工学部助手
1999 年　富山大学工学部助教授
2008 年　岩手大学工学部教授
2015 年　信州大学繊維学部教授
　　　　　現在に至る
◇研究テーマ：生体医工学，バイオミメティクス，ストレス科学が専門。
◇おもな所属学会：IEEE (Senior Member)，電気学会（上級会員），ライフサポート学会（理事），日本生体医工学会など。
◇メールアドレス: masakiy@shinshu-u.ac.jp

竹田　一則（たけだ　かずのり）
1986 年　筑波大学医学専門学群卒業
1986 年　茨城県立こども病院医員
1988 年　（財）筑波メディカルセンター病院救命救急部医員
1989 年　筑波大学小児科医員
1990 年　（財）筑波メディカルセンター小児科診療科長
1994 年　筑波大学心身障害学系講師
1996 年　博士（医学）（筑波大学）
1997 年　大塚製薬学術論文賞受賞
2001 年　筑波大学心身障害学系助教授
2004 年　筑波大学大学院助教授
2008 年　筑波大学大学院博士課程人間総合科学研究科教授
2011 年　筑波大学人間系教授
　　　　　現在に至る
◇研究テーマ：専門領域は小児科学全般（小児アレルギー学，障害科学），ならびに障害科学（病弱児の生理病理，高等教育における障害学生支援）が専門。
◇おもな所属学会：日本小児科学会（専門医），日本アレルギー学会（指導医），日本特殊教育学会（常任理事，常任編集委員），日本小児アレルギー学会，一般社団法人全国高等教育障害学生支援協議会（AHEAD JAPAN）執行理事など。
◇メールアドレス: takedak@human.tsukuba.ac.jp

村上　満（むらかみ　みつる）
1991 年　早稲田大学人間科学部人間健康科学科卒業
1991 年　早稲田大学システム科学研究所・早稲田大学ビジネススクール勤務
1997 年　身体障害者福祉作業所おわらの里ふれあいホーム設立
1999 年　精神障害者共同作業所おわらの里すみれ工房設立
2002 年　社会福祉法人フォーレスト八尾会設立
2004 年　富山医科薬科大学大学院医学系研究科修士課程修了（看護学専攻）
2009 年　富山大学大学院生命融合科学教育部博士課程単位取得満期退学（先端ナノ・バイオ科学専攻）
　　　　　富山国際大学専任講師
2013 年　富山国際大学准教授
2015 年　富山国際大学教授
2017 年　富山国際大学地域交流センター長（兼務）
　　　　　現在に至る
1999 年　富山県やさしい福祉のまちづくり賞（活動や取り組み部門）大賞受賞
2006 年　第 3 回精神障害者自立支援活動賞（リリー賞）「福祉活動部門」受賞
2009 年　経済産業省「ソーシャルビジネス 55 選」選定・採択
◇資格・公職：社会福祉士・精神保健福祉士・富山県中学校スクールカウンセラーなど。
◇研究テーマ：専門領域は，社会福祉学と精神保健福祉学で，ソーシャルワークが専門。
◇おもな所属学会：日本精神保健福祉学会，日本看護研究学会，日本病院・地域精神医学会など。
◇メールアドレス: murakami@tuins.ac.jp

人間科学と福祉工学
Human Science and Assistive Technology
　　　　　　© Masaki Yamaguchi, Kazunori Takeda, Mitsuru Murakami 2007

2007年5月17日　初版第1刷発行
2017年8月20日　初版第3刷発行

検印省略	著　者	山　口　昌　樹
		竹　田　一　則
		村　上　　　満
	発行者	株式会社　コロナ社
		代表者　牛来真也
	印刷所	壮光舎印刷株式会社
	製本所	株式会社　グリーン

112-0011　東京都文京区千石4-46-10
発行所　株式会社　コロナ社
CORONA PUBLISHING CO., LTD.
Tokyo Japan
振替00140-8-14844・電話(03)3941-3131(代)
ホームページ　http://www.coronasha.co.jp

ISBN 978-4-339-07093-4　C3047　Printed in Japan　　　　（水谷）

JCOPY　＜出版者著作権管理機構 委託出版物＞
本書の無断複製は著作権法上での例外を除き禁じられています。複製される場合は，そのつど事前に，出版者著作権管理機構（電話 03-3513-6969，FAX 03-3513-6979，e-mail: info@jcopy.or.jp）の許諾を得てください。

本書のコピー，スキャン，デジタル化等の無断複製・転載は著作権法上での例外を除き禁じられています。購入者以外の第三者による本書の電子データ化及び電子書籍化は，いかなる場合も認めていません。
落丁・乱丁はお取替えいたします。

技術英語・学術論文書き方関連書籍

Wordによる論文・技術文書・レポート作成術
－Word 2013/2010/2007 対応－
神谷幸宏 著
A5／138頁／本体1,800円／並製

技術レポート作成と発表の基礎技法
野中謙一郎・渡邉力夫・島野健仁郎・京相雅樹・白木尚人 共著
A5／160頁／本体2,000円／並製

マスターしておきたい 技術英語の基本
－決定版－
Richard Cowell・佘　錦華 共著
A5／220頁／本体2,500円／並製

科学英語の書き方とプレゼンテーション
日本機械学会 編／石田幸男 編著
A5／184頁／本体2,200円／並製

続 科学英語の書き方とプレゼンテーション
－スライド・スピーチ・メールの実際－
日本機械学会 編／石田幸男 編著
A5／176頁／本体2,200円／並製

いざ国際舞台へ！
理工系英語論文と口頭発表の実際
富山真知子・富山　健 共著
A5／176頁／本体2,200円／並製

知的な科学・技術文章の書き方
－実験リポート作成から学術論文構築まで－
中島利勝・塚本真也 共著　　【日本工学教育協会賞（著作賞）受賞】
A5／244頁／本体1,900円／並製

知的な科学・技術文章の徹底演習
塚本真也 著　【工学教育賞（日本工学教育協会）受賞】
A5／206頁／本体1,800円／並製

科学技術英語論文の徹底添削
－ライティングレベルに対応した添削指導－
絹川麻理・塚本真也 共著
A5／200頁／本体2,400円／並製

定価は本体価格＋税です。
定価は変更されることがありますのでご了承下さい。

図書目録進呈◆

再生医療の基礎シリーズ
―生医学と工学の接点―

(各巻B5判)

コロナ社創立80周年記念出版
〔創立1927年〕

- ■編集幹事　赤池敏宏・浅島　誠
- ■編集委員　関口清俊・田畑泰彦・仲野　徹

配本順			頁	本体
1.(2回)	再生医療のための**発生生物学**	浅島　誠編著	280	4300円
2.(4回)	再生医療のための**細胞生物学**	関口清俊編著	228	3600円
3.(1回)	再生医療のための**分子生物学**	仲野　徹編	270	4000円
4.(5回)	再生医療のためのバイオエンジニアリング	赤池敏宏編著	244	3900円
5.(3回)	再生医療のためのバイオマテリアル	田畑泰彦編著	272	4200円

バイオマテリアルシリーズ

(各巻A5判)

			頁	本体
1.	**金属バイオマテリアル**	塙　隆夫／米山隆之 共著	168	2400円
2.	**ポリマーバイオマテリアル** ―先端医療のための分子設計―	石原一彦著	154	2400円
3.	**セラミックバイオマテリアル** 尾坂明義・石川邦夫・大槻主税 井奥洪二・中村美穂・上高原理暢 共著	岡崎正之／山下仁大 編著	210	3200円

定価は本体価格+税です。
定価は変更されることがありますのでご了承下さい。

図書目録進呈◆

組織工学ライブラリ
—マイクロロボティクスとバイオの融合—

(各巻B5判)

■編集委員　新井健生・新井史人・大和雅之

　本ライブラリは，微小対象物の計測と制御を得意とするマイクロロボティクスの工学者，細胞や組織の培養・分析に携わる生物学者，そして人工組織を再生医療に活用しようとする医学者という三つの異なる分野の研究者らが連携融合し，人工の3次元組織を体外で構築して生体としての機能を発現させようという革新的な取り組み（バイオアセンブラ）に挑んだ成果をまとめたものである。

　第1巻では，取り出した単一細胞や細胞群が組織構築に使えるかどうかを短時間で判断するために，その特性を計測して高速により分ける「細胞特性計測と分離」の技術を細胞ソート工学と位置づけて解説している。

　第2巻では，さまざまな形状と機能をもちつつ，内部の細胞にも十分な酸素や栄養を行き届かせられるような3次元組織を組立てるためのさまざまな手法やツールを紹介・解説している。

　第3巻では，細胞どうしが協調，共存しあって組織としての機能を発現するという細胞社会学の視点から，人工的に作成された組織の培養方法やそのように作成された組織の機能発現について解説している。

シリーズ構成

配本順			頁	本体
1.(3回)	細胞の特性計測・操作と応用	新井史人編著	270	4700円
2.(1回)	3次元細胞システム設計論	新井健生編著	228	3800円
3.(2回)	細胞社会学	大和雅之編著	196	3300円

定価は本体価格+税です。
定価は変更されることがありますのでご了承下さい。

図書目録進呈◆

臨床工学シリーズ

(各巻A5判, 欠番は品切です)

- ■監　　　　修　日本生体医工学会
- ■編集委員代表　金井　寛
- ■編集委員　伊藤寛志・太田和夫・小野哲章・斎藤正男・都築正和

配本順			頁	本体
1.(10回)	医学概論（改訂版）	江部　充他著	220	2800円
5.(1回)	応用数学	西村千秋著	238	2700円
6.(14回)	医用工学概論	嶋津秀昭他著	240	3000円
7.(6回)	情報工学	鈴木良次他著	268	3200円
8.(2回)	医用電気工学	金井　寛著	254	2800円
9.(11回)	改訂 医用電子工学	松尾正之他著	288	3300円
11.(13回)	医用機械工学	馬渕清資著	152	2200円
12.(12回)	医用材料工学	堀内孝・村林俊 共著	192	2500円
13.(15回)	生体計測学	金井　寛他著	268	3500円
20.(9回)	電気・電子工学実習	南谷晴之著	180	2400円

以下続刊

- 4. 基礎医学Ⅲ　玉置憲一他著
- 14. 医用機器学概論　小野哲章他著
- 16. 生体機能代行装置学Ⅱ　太田和夫他著
- 18. 臨床医学総論Ⅰ　岡島光治他著
- 22. 医用機器安全管理学　小野哲章他著
- 10. 生体物性　椎名毅他著
- 15. 生体機能代行装置学Ⅰ　都築正和他著
- 17. 医用治療機器学　斎藤正男他著
- 21. システム・情報処理実習　佐藤俊輔他著

ヘルスプロフェッショナルのためのテクニカルサポートシリーズ

(各巻B5判)

- ■編集委員長　星宮　望
- ■編集委員　高橋　誠・徳永恵子

配本順			頁	本体
1.	ナチュラルサイエンス（CD-ROM付）	高橋誠・但野茂・和田彦・有田龍三郎 共著		
2.	情報機器学	高橋誠・永田啓 共著		
3.(3回)	在宅療養のQOLとサポートシステム	徳永恵子編著	164	2600円
4.(1回)	医用機器Ⅰ	田村俊世・山越憲一・村上肇 共著	176	2700円
5.(2回)	医用機器Ⅱ	山形仁編著	176	2700円

定価は本体価格+税です。
定価は変更されることがありますのでご了承下さい。

図書目録進呈◆

ME教科書シリーズ

(各巻B5判，欠番は品切です)

■日本生体医工学会編
■編纂委員長　佐藤俊輔
■編纂委員　稲田　紘・金井　寛・神谷　瞭・北畠　顕・楠岡英雄
　　　　　　戸川達男・鳥脇純一郎・野瀬善明・半田康延

記号	配本順	書名	著者	頁	本体
A-1	(2回)	生体用センサと計測装置	山越・戸川共著	256	4000円
A-2	(16回)	生体信号処理の基礎	佐藤・吉川・木竜共著	216	3400円
A-3	(23回)	生体電気計測	山本尚武・中村隆夫共著	158	3000円
B-1	(3回)	心臓力学とエナジェティクス	菅・高木・後藤・砂川編著	216	3500円
B-2	(4回)	呼吸と代謝	小野功一著	134	2300円
B-3	(10回)	冠循環のバイオメカニクス	梶谷文彦編著	222	3600円
B-4	(11回)	身体運動のバイオメカニクス	石田・廣川・宮崎・阿江・林共著	218	3400円
B-5	(12回)	心不全のバイオメカニクス	北畠・堀編著	184	2900円
B-6	(13回)	生体細胞・組織のリモデリングのバイオメカニクス	林・安達・宮崎共著	210	3500円
B-7	(14回)	血液のレオロジーと血流	菅原・前田共著	150	2500円
B-8	(20回)	循環系のバイオメカニクス	神谷瞭編著	204	3500円
C-3	(18回)	生体リズムとゆらぎ —モデルが明らかにするもの—	中尾・山本共著	180	3000円
D-1	(6回)	核医学イメージング	楠岡・西村監修 藤林・田口・天野共著	182	2800円
D-2	(8回)	X線イメージング	飯沼・舘野編著	244	3800円
D-3	(9回)	超音波	千原國宏著	174	2700円
D-4	(19回)	画像情報処理（Ⅰ） —解析・認識編—	鳥脇純一郎編著 長谷川・清水・平野共著	150	2600円
D-5	(22回)	画像情報処理（Ⅱ） —表示・グラフィックス編—	鳥脇純一郎編著 平野・森共著	160	3000円
E-1	(1回)	バイオマテリアル	中林・石原・岩﨑共著	192	2900円
E-3	(15回)	人工臓器（Ⅱ） —代謝系人工臓器—	酒井清孝編著	200	3200円
F-1	(5回)	生体計測の機器とシステム	岡田正彦編著	238	3800円
F-2	(21回)	臨床工学(CE)とME機器・システムの安全	渡辺敏編著	240	3900円

以下続刊

A	生体用マイクロセンサ	江刺正喜編著
D-6	MRI・MRS	松田・楠岡編著
F	地域保険・医療・福祉情報システム	稲田紘編著
F	病院情報システム	石原謙著
C-4	脳磁気とME	上野照剛編著
E-2	人工臓器（Ⅰ） —呼吸・循環系の人工臓器—	井街・仁田編著
F	医学・医療における情報処理とその技術	田中博編著

定価は本体価格＋税です。
定価は変更されることがありますのでご了承下さい。

◆図書目録進呈◆